이제는 상가 재건축입니다

불황 속에 피어나는 집합건물법에 의한 상가 재건축!

이제는
상가 재건축
입니다

우종필 지음

두드림미디어

이제는 상가 재건축이다! 그 이유는 상가 오피스텔 재건축 시장에 새로운 바람이 불어왔기 때문이다

재건축의 분류

　도심의 낙후된 대규모 상가나 아파트 단지는 도시 경관을 저해하고, 주변 기반시설의 발전에 부정적인 영향을 미칠 수 있습니다. 이러한 건물의 재건축은 2가지 주요 법적 틀에 따라 진행됩니다. 첫째, 주거용 집합건물은 도시 및 주거환경정비법에 따라서, 둘째, 상가나 오피스텔 등은 집합건물법에 기반해서 재건축됩니다. 이 두 법률은 재건축의 목적과 대상에 따라 상이한 절차와 요건을 규정하고 있습니다.

　2021년에는 상가 및 오피스텔 재건축 시장에서 중대한 변화가 있었습니다. 집합건물법에 따른 상가 재건축은 1984년에 제정된 법률과 '건축법'에 근거해서 시행되며, 이 법은 재건축을 위해 대지의 전체

소유권을 확보해야 한다고 명시하고 있습니다. 즉, 재건축을 위해서는 100%의 소유권 확보가 필수적입니다.

그러나 2021년 8월 10일, 상가 및 오피스텔 재건축 활성화를 위한 '건축법' 제11조가 개정되었습니다. 이 개정안은 예외적으로 집합건물법 제47조에 따라 구분소유자의 4/5 이상 및 의결권의 4/5 이상의 찬성이 있을 경우 건축 허가를 받을 수 있도록 했습니다. 이 조치는 2021년 11월 11일부터 시행되었으며, 상가 및 오피스텔 재건축 시장에 긍정적인 변화를 가져오고 있습니다.

재건축은 집합건물법과 건축법의 규정에 따라 구분소유자 및 의결권의 4/5 이상의 찬성으로 진행됩니다. 이는 다수결 원칙을 적용해서 구분소유자의 소유권을 제한하고 재건축을 가능하게 하는 제도적 장치입니다. 또한, 재건축에 반대하는 소유자에게는 매도청구권이 부여되어 찬성하지 않는 소유자에게 시가에 따라 보상하도록 규정하고 있습니다.

재건축에 대한 찬성과 반대 간의 이해관계를 조정하는 것은 매우 복잡한 문제일 수 있습니다. 다수의 구분소유자가 있는 집합건물에서는 모든 소유자가 재건축에 동의하는 것이 사실상 불가능합니다. 따라서 2021년 8월 10일, 상가 및 오피스텔 재건축 활성화를 위한 '건축법' 제11조 개정은 재건축을 원활하게 추진하는 데 중요한 의미를 지닙니다. 집합건물법은 재건축에 다수결의 원칙을 채택하고 있으므로, 이 과정은 민주적인 의사 통합의 과정으로 진행되어야 합니다. 이를 위해서는 구분소유자 간의 자치능력과 적극적인 소통이 필요합니다.

시대에 따라 변화해온 정비사업

도시정비사업이란 도시의 물리적 환경을 개선하고, 구분소유자의 삶의 질을 높이기 위해 계획되고 시행되는 일련의 사업으로 급속한 도시화와 노후화로 인해 도시정비사업의 필요성이 증대되고 있습니다.

도시정비사업의 역사적 발전 과정

1960년대 이전의 도시정비사업은 전후 복구와 도시 인프라 개선에 주된 초점이 맞춰져 있었습니다. 이 시기의 도시정비사업은 물리적 환경 개선을 최우선 목표로 삼았습니다.

해방 이후 한국은 급격한 도시화와 함께 심각한 도시 문제에 직면하게 되었습니다. 전쟁으로 인한 도시 파괴와 인구 유입으로 인한 주택 부족, 비위생적인 주거 환경 등이 주요 문제였습니다. 이에 정부는 도시재건과 인프라 확충에 주력했고, 이를 위해 대규모 재건축 사업과 도로 확장 등의 물리적 환경 개선 정책을 추진했습니다.

이 시기 도시정비사업의 특징은 구분소유자의 삶의 질 향상보다는 도시의 물리적 환경 개선에 주안점을 두었다는 점입니다. 구분소유자 참여와 지역 공동체 활성화는 고려 대상이 아니었으며, 지속 가능성 또한 중요한 이슈로 다뤄지지 않았습니다. 대신 효율적인 토지 이용과 도시 기능 증진에 주력했습니다.

1960년대부터 1990년대까지는 도시환경정비사업이 본격적으로 전개된 시기였습니다. 이 기간 동안 정부는 주택 공급 확대와 도시 미관 개선을 위한 대규모 공공사업을 적극적으로 추진했습니다.

1960년대 초반, 한국은 급격한 도시화와 함께 주택 부족, 열악한 주거 환경 등 심각한 도시 문제에 직면하게 되었습니다. 이에 정부는 주택 건설과 도로 확장, 재개발 등 물리적 환경 개선에 주력했습니다. 특히 1960년대 말부터 시작된 '재개발 5개년 계획'에 따라 대규모 주택 건설과 도시 미관 개선 사업이 전국적으로 전개되었습니다.

1970년대에는 도시화가 더욱 가속화되면서 인프라 구축과 환경 정비가 중요한 과제로 대두되었습니다. 이에 따라 정부는 도시계획법 개정을 통해 '도시환경정비사업'을 제도화했습니다. 이 사업은 노후 주거지의 개선, 상하수도 및 도로 등 기반시설 확충, 공원 조성 등을 목표로 했습니다.

1980년대와 1990년대에는 도시환경정비사업이 더욱 확대되었습니다. 이 시기에는 주택 공급 확대와 함께 도시 미관 개선에 중점을 두었습니다. 대규모 재개발 사업과 함께 도심 정비, 가로 정비, 도시 공원 조성 등 다양한 사업이 시행되었습니다. 이를 통해 도시의 물리적 환경이 크게 개선되었지만, 강제 퇴거, 주거 불안 등 부작용도 나타났습니다.

2000년대 이후 도시정비사업은 기존의 물리적 환경 개선 중심에서 지속 가능성과 지역 공동체를 중시하는 방향으로 전환되었습니다. 이 시기에 등장한 '도시재생사업'은 단순한 물리적 환경 개선을 넘어 사회적, 경제적 활성화를 목표로 하고 있습니다. 노후 주거지 정비와 기반 시설 확충을 포함한 하드웨어적 사업과 함께, 구분소유자 참여 프로그램, 일자리 창출, 지역 문화 활성화 등 소프트웨어적 사업이 동시에 추진되고 있습니다. 이러한 노력은 지역의 지속 가능한 발전과 구분소유자의 삶의 질 향상을 도모하는 데 기여하고 있습니다.

특히, 구분소유자 참여와 지역 공동체 활성화가 중요한 과제로 부각되었습니다. 구분소유자들이 사업 계획 및 추진 과정에 직접 참여하며, 지역의 특성과 욕구를 반영하는 맞춤형 사업이 시행되고 있습니다. 이를 통해 구분소유자의 삶터 개선뿐만 아니라 지역 공동체의 역량 강화도 함께 이뤄지길 바랍니다. 또한, 환경 친화적이고 에너지 효율적인 도시 조성을 목표로 하는 사업들이 증가하고 있으며, 이는 기존의 개발 중심 패러다임에서 벗어나 보다 균형 잡힌 도시 발전을 추구하는 방향으로 나아가고 있음을 보여줍니다.

2024년 이후 도시정비사업은 더욱 진화할 것으로 예상됩니다. 최근의 도시 재생 관련 뉴스와 사례를 살펴보면, 스마트 시티와 디지털 기술의 도입이 두드러지고 있습니다. 예를 들어, 데이터 기반의 도시 관리 시스템이 도입되어 주민의 의견을 실시간으로 반영하고, 교통 및 환경 문제를 효율적으로 해결하는 방향으로 나아가고 있습니다. 이는 도시의 경쟁력을 높이고, 구분소유자의 삶을 풍요롭게 하는 데 기여할 것입니다.

또한, 주거와 상업 공간의 융합이 더욱 강화될 것으로 보입니다. 다양한 용도의 공간이 공존하는 복합 기능의 도시가 조성되면서, 주민들의 생활 편의성이 증가하고 지역 경제가 활성화될 것입니다. 이러한 변화는 특히 청년층과 노년층을 아우르는 다양한 세대의 요구를 반영하는 데 중요한 역할을 할 것입니다.

이와 함께, 환경적 지속 가능성을 고려한 정책이 더욱 강화될 전망입니다. 녹지 공간과 공공시설의 확충, 친환경 건축 자재의 사용, 에너지 자립형 건물의 설계 등이 주요 이슈로 부각될 것입니다. 이러한 접근은 도시의 생태계를 보존하고, 주민의 건강과 삶의 질을 높이는 데 필수적입니다.

결론적으로, 앞으로의 도시정비사업은 물리적 환경 개선을 넘어서 사회적·경제적·환경적 지속 가능성을 목표로 하는 종합적인 방향으로 나아가야 합니다. 구분소유자의 참여와 지역 공동체의 역량 강화는 이러한 변화의 핵심 요소로, 구분소유자의 필요와 욕구를 반영하고 균형 잡힌 발전을 이루는 방향으로 정책이 수립되어야 합니다. 이러한 변화가 이뤄진다면, 도시정비사업은 지역 주민들의 삶을 풍요롭게 하고, 도시의 정체성을 확립하는 데 큰 기여를 할 것입니다. 앞으로의 도시정비사업이 이러한 방향으로 나아갈 수 있도록 도시정비사업의 사각지대라고 할 수 있는 집합건물법 재건축 시장의 미비된 제도 개선과 각종 지원정책 등이 조속히 수립되어가길 기대합니다.

조세법과 재건축 사업

2002년 '도시 및 주거환경정비법'이 제정된 이후, 주택 재건축 사업의 진행을 원활하게 하기 위해 조세 부담을 줄이기 위한 법 개정이 이뤄졌습니다. 2003년에는 '조세특례제한법'에 새로운 조항이 추가되어, 재건축 조합이 비영리법인으로 인정받고 조합원에게 제공하는 건물은 부가가치세의 적용을 받지 않도록 했습니다.

하지만 집합건물법과 건축법에 따른 재건축 사업은 특별한 세금 처리 방식이 없어, 일반적인 부동산 판매와 같은 방식으로 과세되고 있습니다. 상가 재건축 사업도 주택 재건축과 비슷한 구조를 가지고 있지만, 조세법에서는 상가 재건축에 대한 특별한 규정이 부족합니다.

현대 사회에서는 상가 재건축의 필요성이 점점 더 커지고 있으며, 아파트 단지 내에서도 상가와 주택이 따로 재건축되는 경우가 늘고 있습니다. 예를 들어, 강남구 ○○아파트의 경우, 아파트 조합과의 갈등 끝에 별도로 상가 재건축을 결정했습니다. 이 과정에서 2018년에 조합설립 인가를 받고, 2019년에 사업시행 인가, 2020년에 관리처분 인가를 통해 68개의 근린생활시설과 28가구의 아파트로 재건축되었습니다. 조합원들은 근린생활시설을 대물로 받고, 나머지 상가는 일반 분양되었습니다.

2023년 하반기에는 관악역 근처에서 도심공공주택복합사업이 추진되었으나, 구분소유자들의 참여 의향이 낮아 무산되었습니다. 그러나 최근에는 집합건물법의 장점을 활용해서 재건축을 다시 추진하고 있습니다. 노후된 상가 건물의 재건축 요구도 증가하고 있는 상황입니다. 이러한 배경 속에서 상가 재건축 사업이 원활하게 진행될 수 있도록 조세법의 지원이 필요하다는 목소리가 커지고 있습니다.

노후계획도시 정비 및 지원에 관한 특별법

2023년 12월 26일에 제정된 노후계획도시 정비 및 지원에 관한 특별법이 2024년 4월 27일부터 본격적으로 시행되었습니다.

이 특별법은 한국의 재건축 시장에 중대한 변화를 가져올 것으로 기대됩니다. 이 법은 노후 주거단지의 안전진단 기준을 면제하거나 완화하고, 용적률을 상향 조정하는 등의 조치를 통해 재건축을 촉진하는 중요한 법적 기반을 마련하고 있습니다. 이러한 조치는 특히 1기 신도시와 같은 노후화된 지역에서 구분소유자 여러분의 요구를 충족시킬 수 있는 기회를 제공할 것입니다.

특별법의 주요 목표는 노후계획도시의 도시기능을 강화하고, 쾌적한 주거환경을 조성하며, 미래 도시로의 전환을 촉진하는 것입니다. 이를 위해 특별정비구역 내 주거단지들은 통합 정비를 통해 안전진단을 면제받을 수 있으며, 법적 상한 용적률이 150% 상향되거나 용도지역 변경 등의 혜택을 받을 수 있습니다. 이러한 변화는 개별 단지의 사업성이 낮아 재건축이 어려운 경우에도 통합 정비를 통해 사업성을 높일 수 있는 기회를 제공해 기존에 재건축이 어려웠던 노후 주거단지들이 통합 정비에 참여함으로써 재건축 시장의 규모가 확대될 것으로 보입니다.

특별법이 적용되는 '노후계획도시 특별정비구역'은 택지조성사업이 완료된 후 20년이 경과한 100만㎡ 이상의 택지를 대상으로 합니다. 이러한 규정은 기존 재건축 연한이 30년인 것을 고려할 때, 보다 많은 지역이 사업 추진에 속도를 낼 수 있도록 합니다. 실제로 특별정비구역으로 지정되면, 재건축 연한 외에도 많은 규제가 완화됩니다. 특히 안전진단과 용적률에 대한 내용이 변화함으로써 정비사업이 보다 원활하게 진행될 수 있는 기반이 마련됩니다.

예를 들어, 정비사업을 통해 공공임대, 공공분양, 기반시설, 기여금 등 공공성을 확보할 경우 안전진단 항목을 면제받을 수 있는 혜택이 주어집니다. 또한, 용적률 규제는 종 상향을 통해 완화될 예정입니다. 2종 일반주거지역이 3종 일반주거지역으로 변경될 경우 용적률이 150% 이하에서 300% 이하로 2배 높아지며, 준주거지역으로 변경될 경우 최대 500%까지 상향될 수 있습니다. 이러한 규제 완화는 재건축 사업의 수익성을 높이고, 더 많은 개발자들이 시장에 참여하게 만드는 요인으로 작용할 것입니다.

이러한 특별법에 따른 통합 정비는 개별 단지의 이해관계자 간의 협력을 요구하며, 이는 주거 단지 간의 협력 및 연합 재건축을 촉진할 수 있습니다. 다양한 이해관계자들이 통합 정비를 통해 공동의 목표를 설정하고, 이를 달성하기 위한 협업을 이끌어낼 수 있습니다. 이러한 과정은 다른 재건축 시장 내에서의 통합 재건축의 활성화를 가져올 것입니다.

특히, 안산시와 같은 지역에서는 특별법 시행령에 포함됨으로써 재건축 추진 시 안전진단 면제, 용적률 상향, 도시·건축규제 완화 등의 혜택을 받을 수 있게 되었습니다. 이는 지역 구분소유자 여러분에게 실질적인 혜택을 가져다 줄 뿐만 아니라, 도시재생 사업에도 긍정적인 영향을 미칠 것입니다.

국토교통부는 통합 정비에 대한 적극적인 지원 방안을 마련하겠다고 밝혔으며, 이는 정책적 지원이 재건축 시장에 긍정적인 영향을 미칠 것이라는 점을 시사합니다. 정부의 지원을 통해 재건축 사업이 원활히 진행될 수 있도록 하는 것은 전체 시장에 대한 신뢰를 증대시키고, 참여를 유도할 것입니다. 이민근 안산시장은 신안산선과 GTX-C노선 등 편리한 교통 인프라와 함께 특별법의 효과를 최대한 활용해서 체계적인 도시정비를 진행하겠다고 강조하기도 했습니다.

노후 주거환경의 개선은 단순히 경제적 이익을 넘어서 사회적 요구를 반영하는 과정입니다. 쾌적한 주거환경을 조성하려는 사회적 요구는 재건축 시장의 방향성을 결정짓는 중요한 요소가 될 것입니다. 이러한 사회적 요구는 통합 정비를 통해 더욱 명확히 반영될 수 있으며, 이는 궁극적으로 재건축 시장의 지속 가능성을 높이는 데 기여할 것입니다.

노후계획도시 정비 및 지원에 관한 특별법은 단기적인 재건축 시장의 변화를 넘어 장기적인 도시 발전에도 기여할 것입니다. 통합 정비를 통해 지역 사회의 특성과 요구를 반영한 발전이 이뤄질 수 있으며, 이는 도시의 지속 가능성을 높이는 데 중요한 요소가 될 것입니다. 예를 들어 부천시는 '미래를 닮는 새로움을 담는 중동'이라는 비전 아래 제로에너지 도시, 교육·주거 도시, 문화·예술 도시로의 발전을 목표로 하고 있습니다.

상가 재건축을 통해 세워지는 미래의 대단지 상가

대단지 상가는 현대 사회에서 구분소유자들의 생활 편의성을 극대화하는 중요한 공간으로 자리잡고 있습니다. 상가 재건축을 통해 세워지는 이러한 대단지 상가는 다양한 업종으로 구성되어야 하며, 이는 구분소유자들의 다양한 요구를 충족시키기 위한 필수 요소입니다.

우선, 생활 편의시설, 식음료 업종, 소매점 등 다양한 업종이 들어서야 합니다. 예를 들어, 생활 편의시설로는 마트, 약국, 세탁소 등이 포함될 수 있으며, 이는 구분소유자들이 일상적인 필요를 충족하는 데 도움을 줍니다. 식음료 업종은 카페, 레스토랑, 패스트푸드점 등으로 구성되어, 구분소유자들이 식사를 하거나 여가를 즐길 수 있는 공간을 제공합니다. 소매점은 의류, 전자기기, 가정용품 등을 판매함으로써 쇼핑의 편리함을 더합니다. 이러한 다양한 업종의 조화로운 구성은 구분소유자들이 원스톱으로 쇼핑, 식사, 여가 활동 등을 즐길 수 있는 종합적인 상업 공간을 제공하는 데 기여합니다.

다음으로, 각 업종 간의 적절한 비율 배분이 중요합니다. 이를 위해서는 주변 지역의 인구 특성, 소득 수준, 선호도 등을 면밀히 분석해야 합니다. 예를 들어, 해당 지역의 인구가 젊은 층이 많다면 카페와 레스토랑의 비율을 높이고, 반대로 중장년층이 많다면 생활 편의시설과 소매점의 비율을 늘리는 것이 바람직합니다. 이를 통해 특정 업종의 과다 입점을 방지하고, 고객의 실제 수요를 반영해 고객 만족도를 높일 수 있습니다. 각 업종의 비율은 상가의 전체적인 매력도를 결정짓는 중요한 요소이므로, 사전에 충분한 시장 조사가 필요합니다.

마지막으로, 테넌트(tenant)* 선정 및 배치 전략도 성공적인 대단지 상가 운영에서 매우 중요한 요소입니다. 입점하는 점포의 업종, 규모, 브랜드 인지도 등을 종합적으로 고려해서 최적의 테넌트를 선정해야 합니다. 예를 들어, 인기 브랜드의 카페와 패스트푸드점이 함께 위치하면 상호 시너지 효과가 발생하므로 더 많은 고객을 유치할 수 있습니다. 또한, 점포 간의 배치와 동선 계획도 매우 중요합니다. 고객이 쉽게 이동할 수 있도록 동선을 설계하고, 주요 통로에 인기 있는 점포를 배치함으로써 고객의 유입을 극대화해야 합니다. 이러한 전략은 각 점포의 매출 향상에 기여하며, 전체 상가의 활성화로 이어집니다.

종합적으로 볼 때, 대단지 상가의 성공을 위해서는 다양한 업종 구성, 업종 간 적절한 비율 배분, 최적의 테넌트 선정 및 배치 전략이 핵심적인 요소라고 할 수 있습니다. 이를 통해 고객의 수요를 충족시키고, 상권 전체의 활성화를 도모하며, 지역 구분소유자들에게는 보다 편리하고 즐거운 쇼핑 경험을 제공할 수 있을 것입니다. 이러한 접근 방식은 상가의 지속 가능한 성장과 발전을 이끄는 원동력이 될 것입니다.

상가 재건축 투자자 입장에서

최근 부동산 시장의 변화와 더불어 상가 재건축에 대한 관심이 높아지고 있습니다. 특히 기존의 노후화된 상가 건물들이 늘어남에 따라 재건축의 필요성이 증대되고 있습니다. 이러한 시점에서 지금이야말로

---

* 건물의 전체 또는 일부를 임대 계약해서 오피스나 상가 등을 이용하고 그에 대한 비용을 지불하는 기업 또는 사람

상가 재건축에 투자할 수 있는 기회라고 볼 수 있습니다.

우선 정부의 적극적인 정책 지원으로 인해 상가 재건축이 용이해지고 있습니다. 최근 건축법 개정을 통해 상가 재건축 절차가 간소화되었으며, 각종 규제 완화와 지원책 마련으로 재건축 사업이 활성화되고 있습니다. 이에 따라 상가 건물 소유주들의 재건축 의향도 높아져 시장 수요가 증가하고 있습니다.

또한 지역 경제 활성화와 도시 재생의 일환으로 상가 재건축에 대한 지자체의 관심과 지원도 증가하고 있습니다. 지자체에서는 상가 재건축을 통해 노후화된 도심지역을 개선하고 지역 경제를 활성화시키고자 하는 노력을 기울이고 있습니다. 이에 따라 상가 재건축 사업에 대한 각종 인센티브와 지원이 마련됨으로써 투자자들에게 유리한 환경이 조성되고 있습니다.

마지막으로 상가 재건축은 부동산 시장에서 새로운 기회를 제공하고 있습니다. 기존 주거용 부동산 시장이 포화상태에 이르고 있는 가운데, 상가 재건축은 투자자들에게 또 다른 투자 대안을 제시하고 있습니다. 특히 상가 재건축을 통해 주거용 부동산과는 차별화된 수익성을 기대할 수 있어 투자자들의 관심이 높아지고 있습니다.

이처럼 상가 재건축 시장의 성장 기회, 정부와 지자체의 지원, 투자 수익성 등을 고려할 때 현재는 상가 재건축에 투자할 수 있는 최적의 시기라고 볼 수 있습니다. 따라서 이러한 기회를 잘 활용한다면 상가 재건축 투자를 통해 상당한 수익을 거둘 수 있을 것으로 기대됩니다.

이 책이 재건축 시장의 활성화에 기여했으면 합니다.

이 책을 통해 여러분 모두 재건축 시장에 대한 깊이 있는 이해를 얻으실 수 있기를 진심으로 희망합니다. 이 책은 부동산 전문가로서의 오랜 경험을 바탕으로 집필했으며, 재건축 시장의 현주소와 미래 전망, 그리고 성공적인 재건축 사업을 위한 전략과 실전 노하우를 자세히 다루고 있습니다.

특히 최근 건축법 개정으로 집합건물법 재건축이 보다 용이해진 만큼, 이 책을 통해 재건축의 기본 개념과 절차, 그리고 법적 요구사항 등을 명확히 이해하실 수 있을 것입니다. 또한 재건축 투자 전략 및 성공 사례 분석 등을 통해 실제 재건축 사업에 활용할 수 있는 실용적인 정보도 제공하고 있습니다.

이 책이 독자 여러분의 재건축 시장에 대한 이해를 증진시키고, 이를 보다 효과적으로 활용하는 데 유용한 지침서가 되기를 희망합니다. 더 나아가 집합건물법에 근거한 재건축 시장의 활성화에 일조할 수 있기를 기대합니다.

우종필

부실채권 사업에 이어 부실현장 재건사업, 그리고 이어지는 재건축 사업

    2025년 1월, 한국 경제는 정치적 불안정성과 글로벌 경제의 변동성으로 인해 여러 분야에서 심각한 어려움을 겪고 있습니다. 경제 지표와 분석에 따르면, 코스피와 코스닥은 정치적 리스크와 외환시장의 변동성에 크게 영향을 받을 것으로 예상되며, 원/달러 환율의 상승은 외국인 투자자들의 자본 이탈을 가속화할 것입니다. 이러한 상황은 주식 시장에 추가적인 압박을 가할 가능성이 높습니다.

    부동산 시장 역시 2024년부터 이어진 조정기가 2025년까지 계속될 가능성이 크며, 지속적인 금리 상승과 금융당국의 대출 규제는 실수요자와 투자자 모두에게 상당한 부담을 안길 것으로 예측됩니다. 그러나 이러한 불안정한 정국 속에서도 재건축은 새로운 기회를 창출할 수 있습니다. 노후 건물의 재건축은 새로운 상업 공간과 주거 환경을 창출하며, 이는 지역 주민들과 상인에게 긍정적인 영향을 미칠 수 있습니다. 경기 불황 속에서도 재건축 프로젝트는 지역 경제의 활력을 불어넣는 중요한 역할을 할 것입니다.

건물의 노후화 문제는 반드시 해결해야 할 과제이며, 재건축은 시간이 걸리는 사업입니다. 따라서 지금이야말로 선제적으로 재건축을 준비하고 추진할 최적의 시점입니다. 이러한 접근은 안전한 주거 환경을 조성하고 지역 경제를 활성화하는 데 기여할 것입니다. 우리는 이 기회를 통해 불확실한 경제 환경 속에서도 새로운 가능성을 모색해야 합니다.

저는 20년 이상의 풍부한 경험을 가진 부동산 투자 및 개발 전문가로서, 1996년 강남지역에서 첫 발을 내딛은 이후 1,000건 이상의 다양한 부동산 프로젝트를 성공적으로 이끌어왔습니다. 이러한 경험은 부동산 시장의 변화를 이해하고, 그에 맞는 전략을 수립하는 데 큰 도움이 되었습니다. 특히, 경매 및 공매를 통해 저가로 부동산을 매입하는 전략을 통해 수익성을 극대화하며, 시장의 흐름에 맞춰 적절한 시점에 자산을 재판매하는 데 주력했습니다. 리모델링과 추가 개발을 통해 매입한 자산의 가치를 높이는 과정은 다양한 부동산에 대한 경험을 쌓는 데 기여했고, 해당 지역의 발전에도 긍정적인 영향을 미쳤습니다.

2008년 리먼브러더스 사태는 제 경력에서 중요한 전환점이 되었습니다. 당시 부동산 시장이 극심한 침체를 겪었지만, 저는 이를 기회로 삼아 부실채권 시장에 뛰어들었습니다. 수천억 원 대의 부실채권을 매입하며 JB우리캐피탈, 전북은행, 수협중앙회, 새마을금고 등과 협력해 담보부 부실채권에 대한 질권대출 시장을 선도했습니다. 한국의 부실채권 시장이 형성되고 활성화된 것은 담보부 부실채권에 대한 질권대출 시장이 열리지 않았다면 불가능했을 것입니다. 제가 현대스위스저축은행과 함께 시작한 부실채권의 질권대출 상품은 현재 대부업법의 개정과 함께 부동산 금융 시장의 중요한 축으로 자리매김했습니다. 이러한 경험은 다양한 부동산을 이해하고 부동산 금융 시장의 복잡성을 관리하는 능력을 키우는 데 큰 도움이 되었습니다.

2015년 1월, 부실 건축 현장의 재건과 복잡한 소송으로 얽힌 대형 부동산들의 정상화 사업을 목표로 설립된 엔피엘파트너스 주식회사는 회사의 눈부신 성장과 함께 '엔파홀딩스'로 사명을 변경하며 수천억 원대의 자산을 보유한 부동산 전문 기업으로 성장했습니다. 2020년 코로나19 팬데믹으로 인해 구조조정을 겪는 시련을 겪기도 했지만, 긴 경기침체 속에서도 쌓여가는 부실 건축 현장과 신규 상가 재건축 사업에 도전하며 다시 일어섰습니다.

지역 사회 발전과 지속 가능성을 위한 부실 건축물 재건사업과 상가 재건축 사업은 단순한 복구와 재건을 넘어서 지역 경제를 활성화하고 새로운 일자리를 창출하는 데 기여하고 있습니다. 이러한 사업은 지역 주민들과의 상생을 중시하며 지속 가능한 발전의 기반을 마련하는 데 집중하고 있습니다.

우리의 비전은 부실 건축 현장을 재건하고 노후화된 상가를 재건축함으로써 사업주체와 함께 성장하고, 지역 사회에 더 나은 생활 환경을 제공하는 것입니다. 이를 통해 지역 주민들과 함께 발전해나가고자 합니다.

이 책은 특별히 집합건물법에 따른 상가 재건축 시장의 활성화에 기여할 수 있는 내용을 담고 있습니다. 그간의 부동산과 관련된 오랜 경험을 바탕으로 집필했으며, 재건축 시장의 현주소와 미래 전망, 성공적인 재건축 사업을 위한 전략과 실전 노하우를 자세히 다루고 있습니다. 특히 최근 건축법 개정으로 집합건물법 재건축이 보다 용이해진 만큼, 이 책을 통해 재건축의 기본 개념과 절차, 법적 요구사항 등을 명확히 이해하실 수 있을 것입니다.

독자 여러분, 이 책이 재건축 시장에 대한 깊이 있는 이해를 증진시키고, 이를 보다 효과적으로 활용하는 데 유용한 지침서가 되기를 바랍니다. 또한, 이 책이 집합건물법에 근거한 재건축 시장의 활성화에 일조할 수 있기를 기대합니다.

감사합니다.

우종필

차례

01 PART 집합건물법 재건축이 뭐예요?

PART 01

집합건물법 재건축이 뭐예요?

1

집합건물법 재건축이란?

집합건물법이란?

집합건물법(集合建物法)은 1984년에 제정된 법률로서 주로 구분소유권의 대상 및 그 한계, 구분소유자 간의 법률관계, 불분명한 구분소유권, 그리고 공동이용 부분 등을 규정해 고층건물 및 다양한 집합건물 내에서의 공동생활을 효율적으로 규율하는 데 목적이 있습니다. 이 법은 주택 및 상업시설이 혼합된 복합적인 구조의 건물에서 발생할 수 있는 여러 법적 분쟁을 예방하고 해결하기 위해 필수적인 법적 틀을 제공합니다.

특히, 집합건물법은 구분소유권의 개념을 명확히 하고, 이를 통해 개별 소유자들의 권리와 의무를 규명합니다. 구분소유권은 특정 건물의 개별 유닛에 대한 소유권을 의미하며, 이는 주거용 아파트뿐만 아니라 상업용 건물이나 오피스텔 등 다양한 형태의 건물에 적용됩니다. 이러한 법적 구조는 소유자 간의 원활한 협력과 갈등 해결을 촉진하며, 공동의 이익을 위한 관리 및 운영에 필요한 규정을 제공합니다.

또한, 집합건물법은 불분명한 구분소유권 문제를 다루기 위해, 소유자 간의 권리관계를 명확히 하고, 공동이용 부분에 대한 규제를 통해 모든 소유자가 공평하게 권리를 행사할 수 있도록 합니다. 예를 들어, 공용부분의 관리 및 사용에 관한 규정은 소유자들 간의 분쟁을 최소화하는 데 기여합니다.

이 법은 또한 '도시 및 주거환경정비법' 제정 이전까지 주택 재건축 사업을 규율하는 중요한 법률로 기능했으며, 현재에도 상가 재건축 사업은 여전히 집합건물법에 따라 시행되고 있습니다. 이는 집합건물법이 단순히 개인 소유자의 권리를 보호하는 것을 넘어서, 사회 전반의 주거환경 개선과 도시 발전에도 기여하고 있음을 시사합니다.

결론적으로, 집합건물법은 구분소유권의 정의와 그 한계를 명확히 하고, 공동소유자 간의 법률관계를 규명함으로써, 현대 사회에서 증가하는 집합건물의 효율적인 관리 및 운영을 위한 중요한 법적 기반을 제공하고 있습니다. 이러한 법적 틀은 소유자 간의 원활한 협력과 갈등 해결을 촉진함으로써 건강한 공동체 생활을 영위하는 데 기여하고 있습니다.

재건축이란?

재건축은 기존의 건물이 오랜 시간에 걸쳐 노후화되어 그 효용 가치가 거의 소멸하거나, 자연재해 및 인공적 사고로 인해 건물의 일부가 심각하게 파손되어 복구가 불가능한 상태를 의미합니다. 이러한 상황은 주로 건물의 구조적 안전성에 영향을 미치며, 결과적으로 구분소유자의 생활 질을 저하시킬 수 있습니다. 또한, 건물의 유지보수 및 관리에 소요되는 비용이 건물의 시장 가치에 비해 지나치게 증가하는 경우, 이는 경제적으로 비효율적이게 됩니다. 이와 더불어 주변 토지의 용도가 변화하면서 기존 건물의 가치가 하락하는 경우에도 재건축의 필요성을 촉발하는 중요한 요인입니다.

이러한 여러 가지 사정으로 인해 기존 건물을 철거하고 새로운 건축물을 짓는 것이 효용을 크게 증가시킬 수 있는 경우, 재건축이 이뤄집니다. 재건축은 단순히 건물을 새로 짓는 것에 그치지 않고, 지역 사회의 전반적인 주거 환경을 개선하는 데 중요한 역할을 합니다. 새로운 건축물은 현대적인 설계와 지속 가능한 건축 기술을 반영해서 에너지 효율성을 높이고, 구분소유자들에게 더 나은 생활 공간을 제공합니다.

결론적으로, 재건축은 지역의 자산 가치를 높이는 데 기여하며, 도시의 지속 가능한 발전을 위한 필수적인 과정으로 자리 잡고 있습니다. 이는 단순한 건축 행위를 넘어, 지역 사회와 경제 전반에 긍정적인 영향을 미치는 중요한 요소로 작용하고 있습니다.

집합건물법 재건축이란?

집합건물법 재건축은 집합건물법에 의거해서 기존의 노후화된 건축물을 효율적이고 현대적인 건물로 대체하는 과정을 의미합니다. 이는 거주 환경을 개선하고, 토지의 효율적 이용을 도모하는 것을 주된 목표로 하며, 공동주택, 상가, 오피스 등 복합 용도의 건축물을 대상으로 합니다. 이러한 건물들은 여러 소유자가 공동으로 관리하고 있어, 개별 소유자가 단독으로 재건축을 진행할 수 없기에 집합건물법에 따라 공동으로 재건축 사업을 추진하게 됩니다.

집합건물법 재건축의 절차는 다음과 같이 요약할 수 있습니다. 먼저 재건축추진위원회를 구성하고, 구분소유자 동의를 얻어 사업계획을 수립하면서 재건축 결의를 완성합니다. 이후 관리처분계획을 수립하고, 관련 인허가를 받아 실제 재건축 공사를 진행합니다. 이 과정에서 다양한 법적 요건과 규제를 준수해야 하며, 구분소유자 간 합의도 중요한 요소로 작용합니다.

집합건물법 재건축은 기존의 낡고 비효율적인 건물을 현대적이고 기능적인 건물로 전환시킴으로써, 거주자는 쾌적한 환경을 누리고 건물 소유자는 자산 가치를 높일 수 있습니다. 또한 도시 전체적인 경관 개선과 지역 활성화에도 기여할 수 있습니다. 따라서 집합건물법 재건축은 노후한 도심지역의 재생을 위한 중요한 수단으로 주목받고 있습니다.

재건축과 재개발의 차이점

재건축과 재개발은 도시의 주거환경을 개선하기 위한 2가지 주요 방법이지만, 그 목적과 방식에서 뚜렷한 차이점이 있습니다. 재건축은 노후화된 특정 건물이나 주택 단지를 대상으로 하는 사업으로, 주로 1개 또는 소수의 건물을 철거한 후 새로운 건물을 건설하는 과정을 포함합니다. 이 과정은 상대적으로 간단하고 짧은 행정절차를 거치며, 사업의 규모도 작아 주로 주거환경의 개선에 중점을 둡니다. 재건축의 주된 목적은 기존 건물의 노후화와 안전 문제를 해결하고, 구분소유자의 생활의 질을 향상시키는 것입니다.

반면, 재개발은 광범위한 지역을 대상으로 하는 대규모 사업으로, 기존 건물과 기반시설을 전면적으로 철거하고 새로운 시가지를 조성하는 것을 의미합니다. 재개발은 도시의 기반시설과 주거환경을 종합적으로 개선하는 데 초점을 맞추며, 이를 통해 낙후된 지역의 문제를 근본적으로 해결하고, 보다 살기 좋은 도시 환경을 창출하고자 합니다. 그러나 재개발 사업은 복잡한 행정절차와 긴 사업 기간이 소요되는 특징이 있습니다. 다양한 이해관계자들의 협력이 필요하며, 토지 및 건물의 소유권 문제, 이주민 대책, 개발 계획 수립 등 여러 가지 요소가 복합적으로 얽혀 있기 때문입니다. 따라서 재개발은 재건축에 비해 더 많은 시간과 노력이 투입되는 경향이 있습니다.

결론적으로, 재건축은 개별 건물의 안전과 환경 개선을 목표로 하는 반면, 재개발은 전체 지역의 종합적인 재생을 추구하는 방식으로, 두 사업은 각기 다른 목적과 절차를 가지고 있습니다.

재건축의 특징

재건축은 노후화된 특정 건물을 대상으로 하는 전문적인 도시 재생 사업으로서 재개발이 광범위한 지역을 대상으로 하는 대규모 프로젝트인 것과는 달리, 재건축은 1개 또는 소수의 노후 건물을 철거하고 새로운 건물을 신축하는 과정입니다. 따라서 재건축 사업의 범위와 대상은 상대적으로 제한적이며, 보다 집중적인 개발이 이뤄집니다.

재건축의 주요 목적은 주거환경의 질적 향상에 있습니다. 노후화된 기존 건물의 안전성과 기능성을 개선함으로써 구분소유자들에게 보다 쾌적하고 안전한 생활 공간을 제공하는 것이 재건축의 핵심 과제입니다. 이러한 과정은 구분소유자들의 삶의 질을 높이는 데 기여하며, 지역 사회의 지속 가능한 발전을 도모합니다.

또한, 재건축은 재개발에 비해 상대적으로 간단한 행정 절차와 짧은 사업 기간을 특징으로 합니다. 재개발이 다양한 이해관계자들과의 협력을 요구하는 복잡한 과정인 반면, 재건축은 특정 건물에 대한 집중적인 개발이므로 절차가 간소화됩니다. 이로 인해 재건축 사업은 신속하게 진행될 수 있으며, 보다 효율적인 자원 활용이 가능해집니다.

결과적으로, 재건축은 도시 환경의 개선과 함께 구분소유자들의 삶의 질 향상에 기여하는 중요한 도시 정책으로 자리 잡고 있습니다.

주거이전비와 영업보상비의 차이

재개발 사업은 노후·불량 건축물을 신축하는 것과 더불어 도로·상하수도 등 열악한 기반시설까지 정비하는 사업으로서 정비 규모가 크고 공익적 성격이 강해 요건이 충족되면 주거세입자는 주거이전비를, 상가 세입자는 영업보상비를 보상받을 수 있습니다.

재건축 사업은 공익사업에 해당되지 않아 원칙적으로 세입자 주거이전비, 상가 영업보상비를 지급하지 않아도 됩니다만, 서울시에서는 서울시가 발표한 단독주택 세입자 대책에 따라 세입자에게 손실보상을 제공해야 할 수도 있습니다.

결과적으로 재건축은 노후화된 특정 건물을 대상으로 주거환경 개선에 초점을 맞추며, 재개발에 비해 상대적으로 간단한 절차와 짧은 사업 기간을 특징으로 합니다. 따라서 도시 환경 개선을 위해서는 지역의 특성과 현안을 면밀히 분석하고, 이에 가장 적절한 재개발 또는 재건축 방식을 선택하는 것이 중요합니다. 이를 통해 효과적이고 지속 가능한 도시 개선 사업을 추진할 수 있을 것입니다.

2

도시정비법에 따른 재건축과 집합건물법에 따른 재건축의 비교

도시정비법에 따른 재건축과 집합건물법에 따른 재건축은 각각의 법적 근거와 대상 건축물, 추진 주체 및 재정 지원 방식에서 뚜렷한 차이를 보입니다. 이러한 차이는 재건축 사업의 성격과 실현 가능성에 중요한 영향을 미치며, 각 법률이 지향하는 목표와 방향성에 따라 달라집니다.

첫째, 법적 근거 측면에서 집합건물법 재건축은 집합건물법에 의해 규정되며, 주로 상업용 건물이나 오피스텔 등 집합건축물의 재건축을 다룹니다. 이는 상업적 목적의 건축물에 대한 특화된 규정을 제공함으로써 해당 건물의 사용 효율성을 높이고 경관을 개선하는 데 기여합니다. 반면, 도시정비법 재건축은 도시 및 주거환경정비법에 근거해서 노후화된 주택과 주거환경 개선을 목적으로 하고 있습니다. 이는 주거 환경의 전반적인 질을 향상시키고, 지역 사회의 안전성과 편리성을 증대시키기 위한 종합적인 접근을 취하고 있습니다.

둘째, 대상 건축물의 범위에서도 뚜렷한 차이가 나타납니다. 집합건물법 재건축은 상가, 오피스텔 등 집합건축물에 한정되며, 이는 상업적 기능을 갖춘 건물에 대한 재건축을 중점적으로 다루고 있습니다. 이에 반해 도시정비법 재건축은 단독주택, 다세대주택 등 다양한 주택 유형을 포괄합니다. 따라서 도시정비법은 보다 넓은 범위의 주거 환경을 다루며, 지역 사회의 다양한 주거 형태에 대한 개선을 목표로 하고 있습니다.

단, 소규모주택정비사업의 대상이 되는 집합건물(공동주택)은 집합건물법에 따른 재건축도 가능합니다.

셋째, 추진 주체의 구성 및 운영 방식에서도 차이를 보입니다. 집합건물법 재건축은 구분소유자의 동의를 얻어 관리단 회의 또는 재건축위원회를 구성해서 사업을 추진합니다. 이 과정에서 구분소유자의 의견이 중요한 역할을 하며, 자율적인 참여를 통해 사업의 진행을 도모합니다. 반면, 도시정비법 재건축은 정비구역 지정 후 구분소유자의 동의를 바탕으로 법률에 따라 조합을 설립하고, 이 조합이 법률에 따른 정비사업을 진행하게 됩니다. 이와 같은 구조는 보다 체계적이고 법적으로 보장된 방식으로 사업이 추진될 수 있도록 합니다.

마지막으로, 재정 지원 및 인센티브의 차별성도 중요한 요소입니다. 집합건물법 재건축은 민간 투자 유치가 중심이며, 정부의 지원은 제한적입니다. 이러한 구조는 사업 추진의 유연성을 제공하지만 동시에 구분소유자가 재정적 부담을 많이 떠안아야 하는 상황을 초래할 수 있습니다. 반면, 도시정비법 재건축은 정부 및 지방자치단체의 재정 지원과 다양한 인센티브가 제공될 수 있습니다. 이는 구분소유자들이 보다 쉽게 재건축 사업을 추진할 수 있도록 돕고, 사업의 성공 가능성을 높여주는 중요한 요소로 작용합니다.

이와 같이, 도시정비법 재건축과 집합건물법 재건축은 각각의 법적 체계와 추진 방식, 대상 건축물 및 재정 지원에서 상이한 점을 보이며, 이는 각 법률이 지향하는 사회적 목표와 밀접한 관련이 있습니다. 이러한 차이를 이해하는 것은 재건축 사업을 계획하고 추진하는 데 매우 중요한 요소가 될 것입니다.

3

소규모주택정비사업도
집합건물법 재건축이 가능하다

소규모주택정비사업이란?

💬 소규모 주택정비 사업이란?

도심 내 노후된 소규모 주택의 주거환경을 개선하여 주거생활의 질을 향상시키기 위한 사업 입니다.

소규모 주택정비사업의 종류

자율주택 정비사업	단독주택 및 다세대 주택을 스스로 개량 또는 건설하기 위한 사업
가로주택 정비사업	가로구역에서 종전의 가로를 유지하면서 소규모로 주거환경을 개선하기 위한 사업
소규모 재건축사업	정비 기반 시설이 양호한 지역에서 소규모로 공동주택을 재건축하기 위한 사업

소규모 주택정비사업의 비교

구분		소규모 주택정비사업		
		자율주택정비사업	가로주택정비사업	소규모재건축사업
대상		단독·연립·다세대주택	단독·공동주택	공동주택
시행자		주민합의체	주민합의체(20인미만)조합 (20인이상)	주민합의체(20인미만)조합 (20인이상)
사업요건	범위	도시재생활성화지역 지구단위계획구역 등	1만제곱미터 미만의 가로구역	1만제곱미터 미만의 「도시 및 주거환경 정비법」 제2조제7호의 주택단지
	노후도	사업시행구역 전체 건축물수의 3분의2이상	사업시행구역 전체 건축물수의 3분의2이상	사업시행구역 전체 건축물수의 3분의2이상
	기준세대수	20호(20세대)미만	20호(20세대)이상	200세대 미만

출처 : 구로구청 홈페이지(이하 동일)

💬 자율주택 정비사업

노후 단독·다세대 밀집지역에서 10필지 내외를 통합 개발하여 다양한 저층주거(다세대, 연립, 저층아파트)를 조성하는 주민 주도형 주택 정비사업 입니다

사업대상지역

- 도시활력증진지역 개발사업의 시행구역
- 지구단위계획구역
- 「도시 및 주거환경정비법」에 따른 정비예정구역·정비구역 해제지역
- 주거환경개선사업의 정비구역
- 도시재생활성화 지역

사업요건

- 노후·불량건축물의 수가 해당 사업시행구역의 전체 건축물 수의 3분의 2이상일 것
- 해당 사업시행구역 내 기존 주택의 호수 또는 세대수가 다음 기준 미만일 것
  ※ 건축위원회 심의를 거칠 경우 80% 추가 가능
  1) 단독주택인 경우 : 10호(18호)
  2) 연립주택, 다세대주택인 경우 : 20세대(36세대)
  3) 단독주택과 연립주택·다세대주택이 혼재된 경우 : 20채
  (단독주택의 호수와 연립주택·다세대주택의 세대수를 합한 수 (36채)

추진절차

사업의 장점

- 건축인·허가만으로 사업착수 가능(구역지정, 조합인가 등 불필요)
- 짧은 사업기간
- 다양한 주거형태 구성과 통합개발에 따른 지상층 여유공간 확보가능(주차장, 주민공동시설 설치 등)

🔴 가로주택 정비사업

가로로 둘러싸인 지역을 대상으로 기존 기반시설과 가로망을 유지하면서 소규모로 노후주택을 정비하기 위해 도입된 블록단위 소규모 정비사업

사업대상지역

- 1만㎡미만의 가로구역(도시계획 도로로 둘러싸인 구역), 해당 지역을 통과하는 도로(4m이하인 도로는 제외)가 설치되어 있지 아니한 구역
  - ❗ ※도시계획도로로 둘러싸인 구역 : 일부가 광장, 공원, 녹지, 하천, 공공용지, 공용주차장, 너비 6m이상 건축법상 도로일 경우 도시계획 도로로 인정

〈가로주택정비사업 가능구역 예시〉

사업요건

- 노후·불량건축물의 수가 해당 사업시행구역의 전체 건축물 수의 3분의 2이상일 것
- 해당 사업시행구역 내 기존 주택의 호수 또는 세대수가 다음 기준 이상일 것
  1) 단독주택인 경우 : 10호
  2) 공동주택인 경우 : 20세대
  3) 단독주택과 공동주택이 혼재된 경우 : 20채(단독+공동주택 세대수 합)

진행절차

01 조합설립인가신청 → 02 조합설립인가 → 03 건축심의 → 04 분양공고 및 매도청구 → 05 사업시행계획인가(관리처분계획내용포함)

06 공사착공 → 07 준공인가 → 08 이전고시 → 9 청산

소규모 재건축 사업

정비기반시설이 양호한 지역에서 노후된 공동주택 단지를 소규모로 공동주택을 재건축하기 위한 정비사업

사업대상지역

- 「도시 및 주거환경 정비법」 제2조제7호의 주택단지로서 소규모 재건축 요건을 충족한 지역

◎ 주택단지의 정의
▶ 「주택법」에 따른 사업계획승인을 받아 주택 및 부대시설·복리시설을 건설한 일단의 토지
▶ 「건축법」에 따라 건축허가를 받아 아파트 또는 연립주택을 건설한 일단의 토지 등

사업요건

- 사업시행구역의 면적이 1만제곱미터 미만일 것
- 노후·불량건축물의 수가 해당 사업시행구역의 전체 건축물 수의 3분의 2이상일 것
- 기존주택의 세대수가 200세대 미만일 것

추진절차

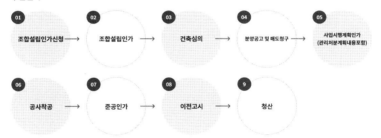

01 조합설립인가신청 → 02 조합설립인가 → 03 건축심의 → 04 분양공고 및 매도청구 → 05 사업시행계획인가 (관리처분계획내용포함)

06 공사착공 → 07 준공인가 → 08 이전고시 → 9 청산

사업의 장점

「도시 및 주거환경정비법」 상 재건축과 달리 안전진단 및 구역지정, 관리처분계획인가 등 추진절차가 간소화 되어 빠른 사업 추진가능

소규모주택정비사업도
집합건물법 재건축으로 가능하다

소규모주택정비사업은 집합건물법의 틀 안에서도 재건축이 가능하다는 점이 중요합니다. 집합건물법은 특정 집합건물의 재건축에 대한 규정을 두고 있으며, 주로 구분소유자 간의 사적 관계를 규율하는 데 중점을 두고 있습니다. 즉, 구분소유자들은 서로의 권리와 의무를 명확히 해서 재건축을 위한 결의나 절차를 통해 협력할 수 있습니다. 이러한 법적 틀은 소유자들이 집합건물의 재건축을 위해 필요한 결정을 내릴 수 있도록 하는 중요한 기반이 됩니다.

반면에 도시정비법과 소규모주택정비법은 주거환경 개선이라는 공익적 목적을 가지고 있습니다. 이들 법은 특정 지역의 주거환경을 개선하기 위한 다양한 행정적 조치를 포함하고 있으며, 행정관청의 인허가와 같은 공법적 관계에 중점을 두고 있습니다. 이러한 차원에서 도시정비법과 소규모주택정비법은 각각의 법적 성격과 목적에 따라 다르게 적용됩니다.

집합건물법은 구분소유의 대상이 되는 건물이라면 그 용도나 규모에 관계없이 재건축의 대상으로 삼을 수 있습니다. 이는 집합건물법이 구체적인 재건축 요건이나 절차를 설정하기보다는 구분소유자 간의 합의와 협력을 통해 재건축을 진행할 수 있도록 하는 데 중점을 두고 있음을 의미합니다. 반면, 도시정비법과 소규모주택정비법은 특정 조건이나 규모에 대한 제약을 두고 있습니다. 예를 들어, 소규모주택정비법에 따르면 소규모주택정비사업은 법에서 정한 절차에 따라 대통령령으로 정해진 요건을 충족하는 지역에서 시행되는 소규모주택 재건축 사업을 의미합니다. 이는 소규모주택정비법이 정한 요건을 충족하지 않는 경우, 해당 재건축이 소규모주택정비법의 범위에 포함되지 않음을 나타냅니다.

또한, 소규모주택정비법은 소규모주택에 대한 다른 법령에 의한 재건축을 금지하거나 제한하는 취지로 해석되기 어렵습니다. 즉, 소규모주택정비법이 정한 조건을 충족하더라도, 구분소유자들은 집합건물법 제47조에서 규정한 재건축 결의에 따라 재건축을 시행할 수 있는 권리가 여전히 존재합니다. 이는 두 법이 각각 다른 목적과 규율을 가지고 있지만, 집합건물법에 따른 재건축 권리는 여전히 유효하다는 점을 강조합니다.

결론적으로, 소규모주택정비사업은 집합건물법의 틀 안에서도 진행될 수 있으며, 구분소유자들은 집합건물법의 규정을 따르면서도 소규모주택정비법의 요건도 함께 고려해야 하는 복합적인 상황에 처해 있습니다. 이러한 점에서 두 법의 차이를 이해하고, 각 법에 따른 권리와 의무를 명확히 아는 것이 중요합니다. 이는 소규모주택의 재건축을 원활하게 진행하는 데 필요한 기초적인 이해를 제공하며, 구분소유자들 간의 협력을 통해 성공적인 재건축을 이끌어낼 수 있는 기반이 됩니다.

아파트 상가? 도시정비법상 재건축에서
집합건물법 재건축으로 돌아서다

아파트 단지 내 상가 재건축 사업은 도시정비법에 따라 주택 재건축 사업과 밀접하게 연관되어 있습니다. 상가 재건축 조합원은 주택 재건축 조합원과 동일한 지위를 갖지만, 상가 재건축 위원회 등을 별도로 설립할 수 있습니다. 그러나 이 상가 재건축 위원회의 설립 요건이나 운영 방식에 대한 구체적인 규정은 도시정비법에 명시되어 있지 않습니다.

상가 재건축 사업은 주택 재건축 사업의 부수적인 성격을 가지고 있어서 세법 적용도 동일하게 이뤄집니다. 이 과정에서 아파트 소유자와 상가 소유자 간의 합의는 사업의 성공에 매우 중요한 요소입니다. 하지만 상가 소유자들은 종종 영업 손실을 우려하며 사업에 반대하는 경향이 있습니다. 특히, 종전 가액의 감정 평가액을 높게 요구하면서 반대하는 경우도 많습니다.

만약 주택 소유자들이 이러한 높은 종전 가액 요구를 받아들이지 않으면, 상가 소유자들은 토지 분할 소송을 제기할 수 있습니다. 이 절차를 거치면 상가는 주택과 분리되어 재건축을 진행할 수 있으며, 아파트와 상가 조합원 각각의 이익을 보호하기 위해 별도의 재건축 사업을 추진한 사례도 있습니다. 이는 각자의 이해관계를 조정하며 원활한 사업 진행을 도모하는 방법 중 하나입니다.

건축법 개정으로 쉬워지고 도시정비법에 비해 간편한 집합건물법 재건축

집합건물법에 따른 상가 재건축 사업은 1984년에 제정된 '집합건물법'과 '건축법'에 기반해서 운영되고 있습니다. 전통적으로, 건축물의 신축 또는 대규모 수선을 위해서는 건축주가 해당 대지의 전체 소유권을 확보해야 하며, 이는 즉 100% 소유권이 있어야만 재건축이 가능하다는 것을 의미합니다.

그러나 2021년 8월 10일, 오피스텔 등의 재건축을 활성화하기 위한 '건축법' 제11조의 개정이 이뤄졌습니다. 이 개정안은 집합건물법 제47조에 명시된 구분소유자의 4분의 3 이상의 동의와 의결권을 갖춘 재건축 결의가 존재할 경우, 건축 허가를 받을 수 있도록 예외를 뒀습니다. 이에 따라, 기존의 100% 소유권 요건이 완화되어, 다수의 소유자가 동의하는 경우에도 재건축이 가능해졌습니다. 이 규정은 2021년 11월 11일부터 시행되어, 건축 허가를 신청하는 경우에 적용됩니다.

또한, 집합건물법에 따른 재건축은 새 건물과 기존 건물 간의 동일성을 요구하지 않으며, 공익사업에 해당하지 않기 때문에 원칙적으로 세입자에게 주거이전비나 상가 영업보상비를 지급할 필요가 없습니다. 이는 재건축 과정에서 이해관계자 간의 갈등을 최소화하고, 보다 원활한 사업 진행을 도모할 수 있는 기초를 마련해줍니다.

이러한 변화는 도시 재정비와 함께 지역 경제 활성화에 기여할 것으로 기대되며, 특히 소규모 상업시설의 재건축을 통해 새로운 비즈니스 기회 창출에 긍정적인 영향을 미칠 것으로 예상됩니다. 따라서, 집합건물법에 따른 재건축 사업은 앞으로 더욱 활성화될 가능성이 높으며, 관련 법령의 변화에 주목할 필요가 있습니다.

집합건물법 재건축과 도시정비법 재건축의 세법 차이

재건축 사업은 경제 발전과 환경 변화에 따라 필요성이 증가하고 있습니다. 이에 따라 도시 기능 회복과 주거 환경 개선을 위한 다양한 법률이 제정되었습니다. 대표적인 법률로는 도시정비법과 집합건물법이 있습니다.

도시정비법은 도시 기능 회복이 필요하거나 주거 환경이 불량한 지역을 계획적으로 정비하고, 노후·불량 건축물을 효율적으로 개량하기 위해 제정되었습니다. 반면, 집합건물법은 집합건물의 소유 및 관리에 관한 사항을 규정함으로써 법적 안정성과 거래의 편익을 제공하는 것을 목적으로 합니다.

이처럼 도시정비법과 집합건물법은 각각 주택 및 상가 재건축 사업을 규율하는 주요 법적 근거가 됩니다. 두 법률의 차이는 재건축 사업의 법적 절차와 세금 부과 방식 등에서 드러나며, 이는 재건축 사업 추진에 있어 중요한 쟁점이 됩니다.

여기서는 도시정비법과 집합건물법의 차이를 중심으로 재건축 사업의 세법적 쟁점을 살펴보고자 합니다. 구체적으로 조합의 법적 지위와 세금 부과 방식의 차이가 재건축 사업에 미치는 영향을 살펴보겠습니다. 이를 통해 재건축 사업의 원활한 추진을 위한 법제도 개선의 필요성도 살펴보고자 합니다.

조합의 법적 지위 차이

도시정비법에 따른 주택 재건축 조합과 집합건물법에 따른 상가 재건축 조합은 법적 지위 차이로 인해 부가가치세 납부와 행정 절차에서 중요한 차이를 보입니다. 도시정비법상 주택 재건축 조합은 비영리법인으로 의제되어, 조합원에게 공급하는 토지와 건축물에 대해 부가가치세 면제 혜택을 받습니다. 이는 조합원들의 부가가치세 부담을 줄여주는 효과가 있습니다.

반면, 집합건물법상 상가 재건축 조합은 공동사업자로 간주되어 이러한 세제 혜택이 적용되지 않습니다. 따라서 상가 재건축 조합의 경우 조합원들이 직접 부가가치세를 납부해야 하는 문제가 발생합니다. 또한 상가 재건축 조합은 일반 사업자와 같이 부가가치세 관련 행정 절차를 거쳐야 하므로 절차적 어려움이 있습니다. 이에 비해 주택 재건축 조합은 비영리법인 지위로 인해 상대적으로 행정 절차가 간소화됩니다.

따라서 재건축 사업의 원활한 추진을 위해서는 조합의 법적 지위 차이에 따른 세법상 차이를 해소할 필요가 있습니다. 이를 위해 부가가치세법 및 조세특례제한법 등의 개정을 통해 상가 재건축 조합에 대한 세제 혜택을 확대하고, 행정 절차를 간소화하는 방안을 모색해야 합니다.

세금 부과 방식의 차이

도시정비법과 집합건물법에 따른 재건축 사업은 세금 부과 방식에서 중요한 차이를 보입니다. 이는 조합원들의 비용 부담에 직접적인 영향을 미칩니다. 먼저 출자 단계에서의 양도소득세 부과 여부가 다릅니다. 도시정비법 재건축 사업의 경우 사업 시행자의 환지처분으로 간주되어 출자 단계에서 양도소득세가 부과되지 않습니다. 반면, 집합건물법 재건축 사업은 민법상 조합으로 간주되어 출자 단계에서 양도소득세가 부과됩니다. 이로 인해 집합건물법 재건축 사업의 조합원들은 사업 초기부터 대규모 양도소득세 부담을 지게 됩니다.

부가가치세 납부 의무에서도 차이가 발생합니다. 도시정비법 재건축 조합은 비영리법인으로 간주되어 부가가치세 면제 혜택을 받지만, 집합건물법 상가 재건축 조합은 공동사업자로 간주되어 부가가치세를 납부해야 합니다. 이에 따라 상가 재건축 조합 조합원들은 부가가치세 비용을 직접 부담해야 하는 상황입니다.

조합원의 소득 처리 방식에서도 차이가 있습니다. 주택 재건축 조합은 비영리법인으로 간주되어 조합원의 종합소득세 납부 문제가 발생하지 않지만, 상가 재건축 조합은 공동사업자로 간주되어 조합원 개인별로 종합소득세를 납부해야 합니다. 이로 인해 상가 재건축 조합 조합원들은 실제 영업 소득이 아닌 자산 가치 증가에 대한 세금까지 부담해야 하는 상황입니다.

종합적으로 볼 때, 집합건물법 재건축 사업의 조합원들은 출자 단계 양도소득세, 부가가치세, 종합소득세 등 다양한 세금 부담을 지게 되어 주택 재건축 사업에 비해 훨씬 더 큰 비용 부담을 지게 됩니다. 따라서 이러한 세법상 차이를 해소하기 위해 관련 법 제도 개선이 필요할 것으로 보입니다.

차이의 원인 및 정책적 시사점

도시정비법과 집합건물법의 제정 목적과 취지 차이가 세법상 차이를 발생시킨 주요 원인입니다. 도시정비법은 도시 및 주거환경 개선을 목적으로 하는 반면, 집합건물법은 집합건물의 소유 및 관리에 관한 사항을 규정하는 것이 주된 목적입니다. 이러한 법률적 목적의 차이로 인해 세법상 조합의 법적 지위, 세금 부과 방식 등에서 차이가 발생한 것으로 보입니다.

이러한 세법상 차이는 결국 재건축 사업 추진 과정에서 조합원들의 비용 부담을 가중시키는 요인이 되고 있습니다. 따라서 이러한 문제점을 해소하기 위해서는 도시정비법과 집합건물법의 제정 취지를 고려한 세법 개정이 필요할 것으로 보입니다.

정책적 제안

도시정비법과 집합건물법의 제정 취지 차이로 인해 발생한 세법상 차이를 해소하기 위한 정책적 제안은 다음과 같습니다.

첫째, 상가 재건축 사업에도 주택 재건축 사업과 동일한 세제 혜택을 적용해야 합니다. 둘째, 상가 재건축 사업의 출자 단계에서 발생하는 양도소득세 부담을 완화해야 합니다. 셋째, 재건축 사업 진행 과정에서 발생한 미실현 소득에 대한 과세를 완화해야 합니다.

이와 같은 정책적 제안을 통해 도시정비법과 집합건물법 간 세법상 차이를 해소하고 재건축 사업의 원활한 추진을 지원할 수 있을 것으로 기대됩니다. 구체적인 개선 방안에 대해서는 추가적인 연구가 필요할 것입니다.

4
집합건물법 재건축의
일반적인 절차

재건축의 기본 원칙

우리나라의 집합건물법은 재건축을 진행할 때 반드시 준수해야 할 기본 원칙들을 규정하고 있습니다. 이러한 원칙들은 재건축 과정에서의 법적 분쟁을 방지하고, 합법적이며 안전한 진행을 보장하기 위한 중요한 장치입니다.

첫째, 재건축은 소유자들의 자발적인 동의를 전제로 해야 합니다. 다수의 구분소유자들이 동의하지 않으면 강제로 진행할 수 없습니다. 이는 개인의 재산권 보호와 갈등 예방을 위한 것입니다.

둘째, 재건축을 위해서는 건물의 노후화 정도와 안전성이 일정 기준 이상이어야 합니다. 단순히 노후 건물이라는 이유만으로 재건축이 허용되지 않으며, 객관적인 판단이 필요합니다.

셋째, 재건축 과정에서는 구분소유자들의 공평한 이익 배분이 보장되어야 합니다. 건물의 연면적, 세대 수, 위치 등을 고려해서 공정한 분배가 이뤄져야 합니다. 이는 특정 구분소유자에게 이익이 편중되는 것을 방지하고 모든 구분소유자의 권리를 균형 있게 보호하기 위함입니다.

도시정비법 재건축과는 달리 집합건물법 재건축에서는 재건축추진위원회의 설립 및 재건축 조합의 설립에 관한 강행규정이 없습니다. 나아가 재건축 조합 또는 재건축 위원회의 설립 없이 재건축 결의가 이뤄진 경우에도 적법한 재건축 결의라고 할 수 있습니다.
그러나 실무적으로는 임의단체의 성격을 가진 재건축 조합 또는 재건축 위원회를 설립해서 재건축 사업을 추진해야 시공사/시행사/금융기관의 선정 및 건축인허가 과정이 가능하다고 할 수 있습니다.

준비 단계 : 재건축추진위원회 구성 및 역할

재건축추진위원회의 구성 및 역할은 재건축 사업의 성공에 필수적인 요소입니다. 추진위원회는 일반적으로 구분소유자 중 임차인, 전문가, 그리고 관련 기관의 대표들로 구성되어, 구분소유자들의 다양한 의견을 수렴하고, 이를 바탕으로 사업 계획을 수립하는 데 중요한 역할을 합니다.

도시정비법의 재건축 절차와는 달리 집합건물법 재건축 절차에서는 재건축추진위원회 또는 재건축 위원회의 설립에 제한이 없어 행정관청에 허가를 득할 필요가 없고, 재건축 위원회 구성을 하지 않아도 재건축 추진은 가능합니다. 그러나 실무상으로는 임의단체인 재건축 위원회의 설립을 통해 재건축 추진을 하는 것이 바람직합니다. 임의단체의 이름을 ○○○재건축 조합이라고 정할지라도 도시정비법에서 규정하고 지원하는 재건축 조합과는 전혀 다른 격을 가지게 되며 재건축 과정에서 설립한 임의 단체일 뿐입니다.

다음과 같은 재건축 위원회의 역할은 재건축 사업의 성공에 있어 제일 중요하다고 할 수 있습니다.

첫째, 구분소유자 의견 수렴은 추진위원회의 가장 중요한 임무 중 하나입니다. 구분소유자들의 요구와 불만을 효과적으로 반영하기 위해 정기적인 회의를 개최하고 설문조사를 실시하는 등의 방법을 통해 다양한 의견을 모읍니다. 이를 통해 공동체의 합의점을 찾아내고, 사업 추진에 대한 구분소유자들의 지지를 확보할 수 있습니다.

둘째, 사업 타당성 검토는 추진위원회의 또 다른 핵심 역할입니다. 사업의 경제적 타당성과 실현 가능성을 분석해서 재원 조달 방안을 마련하고, 필요한 경우 공동시행사나 전문 도시정비업체를 선정하는 과정을 포함합니다. 이 단계에서의 철저한 검토는 사업의 성공 여부를 좌우할 수 있습니다.

셋째, 법규 검토 및 인허가 절차 준비는 재건축 사업에서 매우 중요합니다. 추진위원회는 관련 법규를 면밀히 검토하고, 법적 문제를 사전에 예방하기 위한 대응 방안을 마련해야 합니다. 이는 사업 진행 중 발생할 수 있는 법적 분쟁을 최소화하는 데 기여합니다.

넷째, 추진위원회는 재건축 사업의 성공을 위해 전문성과 경험이 풍부한 지원업체 및 시행사, 시공사를 선정하는 것이 매우 중요합니다. 이들의 역할은 재건축 구성원들에게 신뢰를 줄 뿐만 아니라, 프로젝트의 원활한 진행과 성공적인 완료를 보장하는 데 큰 영향을 미칩니다. 따라서, 각 업체의 역량과 과거 성과를 철저히 분석하고, 구성원들과의 충분한 소통을 통해 최종 선정하는 과정이 필수적입니다.

마지막으로, 임차인 명도 분쟁에 대한 대비책 마련도 추진위원회의 주요 과제입니다. 재건축 사업에서 임차인과의 갈등은 빈번히 발생할 수 있으며, 이를 사전에 예방하기 위한 전략을 수립하는 것이 중요합니다. 예를 들어, 임차인과의 원활한 소통을 통해 상호 이해를 증진시키고, 필요한 경우 법적 자문을 통해 분쟁을 최소화하는 방안을 모색해야 합니다.

최근 뉴스에서는 재건축추진위원회가 준비 단계를 소홀히 할 경우, 구분소유자 간의 갈등이나 법적 분쟁에 휘말리는 사례가 많다는 점이 강조되고 있습니다. 이러한 분쟁은 사업 진행을 지체시키고, 구분소유자 간의 신뢰를 해치는 결과를 초래할 수 있습니다. 따라서 추진위원회는 초기 단계에서부터 철저한 준비와 체계적인 접근을 통해 이와 같은 문제를 예방해야 할 필요성이 큽니다.

결론적으로, 재건축추진위원회의 역할은 단순한 사업 추진에 그치지 않고, 구분소유자 간의 협력과 이해를 증진시키는 데에도 깊은 영향을 미칩니다. 이를 통해 성공적인 재건축 사업을 이끌어낼 수 있습니다.

사전 의견 수렴 및 재건축 결의

재건축 사업의 성공적인 추진을 위해서는 사전 의견 수렴 및 재건축 결의 절차가 매우 중요합니다. 이는 단순히 법적 요건을 충족시키는 차원을 넘어, 구분소유자들의 의견을 체계적으로 수집하고, 사업에 대한 공감대를 형성하며, 공동체의 결속력을 강화하는 데 필수적인 과정입니다. 최근 여러 뉴스 보도에서도 이러한 사전 의견 수렴의 중요성이 강조되고 있는데, 이는 구분소유자들이 재건축의 필요성과 방향성에 대해 이해하고 동의할 수 있는 기회를 제공하기 때문입니다. 구분소유자들이 프로젝트에 대한 소속감을 느끼게 되면, 공동체의 결속력이 높아지고, 이러한 참여가 재건축 추진 속도를 더욱 빠르게 할 수 있는 기반이 됩니다.

재건축 결의 과정에서 구분소유자 참여는 특히 중요합니다. 관리단 집회나 별도로 구성된 재건축추진위원회의 총회에서는 구분소유자 및 의결권의 5분의 4 이상의 동의를 확보해야 합니다. 이 과정에서는 서면 결의 또는 전자 방식 결의와 같은 다양한 방식으로 구분소유자들의 의견을 수렴할 수 있어 구분소유자들이 결정 과정에 직접 참여하게 됩니다. 이러한 참여는 구분소유자들이 자신이 속한 공동체의 미래에 대한 주체성을 느끼게 하며, 이는 결국 사업의 원활한 추진으로 이어집니다. 최근 보도된 바에 따르면, 투명한 의사결정 과정이 구분소유자의 신뢰를 높이는 데 큰 역할을 하며, 이는 재건축 사업의 성공에 결정적인 요소로 작용한다고 합니다.

사전 의견 수렴 또한 재건축추진위원회가 사업 계획을 보다 효율적으로 수립하는 데 도움을 줍니다. 구분소유자들이 원하는 사항을 사전에 반영해서 사업 방향을 설정하면, 불필요한 갈등을 줄이고 재건축 사업의 실행 가능성을 높일 수 있습니다. 예를 들어, A 지역의 재건축 사례에서는 구분소유자 간담회를 통해 수집된 의견을 바탕으로 사업 방향을 조정함으로써 높은 동의를 얻어 신속하게 사업을 진행한 바 있습니다. 이러한 사례는 사전 의견 수렴이 실제로 재건축 사업의 성공에 기여한다는 것을 잘 보여줍니다.

또한, 구분소유자 의견 수렴은 지역 구분소유자들과의 소통을 강화하는 중요한 수단이기도 합니다. 재건축 사업은 단순히 건물의 형태를 변화시키는 것에 그치지 않고, 해당 지역의 환경과 구분소유자들의 삶의 질에 직접적인 영향을 미칩니다. 따라서 구분소유자들이 자신의 의견이 사업에 반영된다고 느끼면, 사업에 대한 긍정적인 인식을 갖게 되고, 이는 추가적인 지지로 이어질 수 있습니다.

결론적으로, 재건축 사업의 성공적인 추진을 위해서는 사전 의견 수렴과 투명한 결의 과정이 필수적입니다. 구분소유자들이 적극적으로 참여할 수 있도록 유도하고, 그들의 목소리를 반영함으로써 형평성 있고 효율적인 사업 계획을 수립할 수 있습니다. 이러한 과정은 결국 재건축 사업의 성공과 구분소유자의 삶의 질 향상에 긍정적인 영향을 미치게 됩니다. 최근의 여러 보도에서도 이러한 점이 강조되고 있어, 앞으로도 지속적인 구분소유자의 참여가 필요함을 알리고 있습니다. 구분소유자들의 의견을 경청하고 그들의 요구를 반영하는 것이 재건축 사업의 성공을 좌우하는 중요한 요소임을 잊지 말아야 할 것입니다.

사업 타당성 검토 및 사업성 분석

재건축 사업을 성공적으로 추진하기 위해서는 여러 가지 핵심 요소를 체계적이고 면밀하게 검토해야 합니다. 우선적으로 새 건물의 설계 개요를 수립하는 과정에서, 건축적 요소뿐만 아니라 기능적 요구사항도 충분히 반영해야 합니다. 이는 향후 건물의 가치와 구분소유자들의 삶의 질에 직접적인 영향을 미치기 때문입니다. 또한, 철거 및 신축에 소요되는 비용을 정확히 추산하는 것이 필수적입니다. 이 과정에서는 인건비, 자재비, 부대 비용 등을 상세히 분석해서 예산을 수립해야 하며, 이러한 예산은 사업의 전반적인 재정 계획에 중요한 기초가 됩니다.

그 다음으로, 비용 분담 방식과 새로운 건물의 구분소유권 귀속에 관한 사항을 명확히 정리해야 합니다. 특히, 비용 분담 및 구분소유권 귀속 문제는 구분소유자 간의 형평성을 유지하는 데 매우 중요합니다. 이때 형평성을 고려하지 않은 결의는 법적 효력을 잃을 수 있으며, 이는 재건축 사업의 진행에 중대한 장애 요소로 작용할 수 있습니다. 따라서 사업의 타당성 검토와 사업성 분석은 초기 단계에서 철저히 이뤄져야 하며, 이는 구분소유자 간의 신뢰를 구축하는 데 필수적입니다.

더불어, 기존 건물의 노후도, 주거 환경의 질, 거구분소유자의 만족도 등을 종합적으로 분석해서 재건축의 필요성을 명확히 판단해야 합니다. 이러한 분석은 단순히 물리적 상태에 국한되지 않고, 사회적, 심리적 요인까지 포함해서 다각도로 접근해야 합니다. 그리고 이를 통해 재건축이 가져올 긍정적인 변화와 그 필요성을 객관적으로 입증할 수 있어야 합니다.

경제적 타당성을 확보하기 위해서는 사업 비용, 분양 가능성, 예상 수익 등을 면밀히 고려해야 합니다. 이는 단순한 수치 분석을 넘어, 시장 동향, 경쟁 상황, 그리고 지역 사회의 발전 가능성 등을 종합적으로 반영해야 합니다. 이러한 요소들은 재건축 사업의 성공 여부에 중대한 영향을 미치기 때문에 각 측면을 신중히 검토해야 합니다.

마지막으로, 재원 조달 방안 역시 중요한 요소로서 정부의 지원, 금융기관의 프로젝트 파이낸싱 대출, 구분소유자의 출자, 시행사를 통한 조달 등 다양한 방법을 검토해서 재정적 안정성을 확보해야 합니다. 이러한 재원 조달 방안은 사업의 지속 가능성을 좌우하며, 다양한 이해관계자와의 협력을 통해 이뤄져야 합니다. 철저한 사전 분석과 준비는 재건축 사업의 성공적인 진행을 위한 기초가 될 것이며, 이는 궁극적으로 지역 사회의 발전과 구분소유자의 재산가치의 상승에 기여할 것입니다.

임차인 명도 분쟁 대비 및 해결 방안

재건축 사업과 관련해서 임대차 계약 시 특약을 기재하지 않음으로써 발생할 수 있는 법적 분쟁의 예를 살펴보면, 이러한 상황이 어떻게 심각한 법적 쟁점으로 이어질 수 있는지를 명확히 이해할 수 있습니다.

한 임대인이 재건축을 이유로 상가 임차인에게 퇴거를 요구했으나, 임대차 계약 체결 시 재건축 계획에 대한 고지가 없었던 경우를 들 수 있습니다. 이 사건에서 법원은 임대인의 퇴거 요구를 무효로 판단했는데, 이는 임대인이 계약 시 재건축에 대한 정보를 명확히 고지하지 않았기 때문입니다. 이와 같은 사례는 임대차 계약에서 재건축 관련 특약이 명시되지 않았다면, 임대인이 임차인에게 불리한 조건을 일방적으로 적용할 수 없다는 점을 강조합니다.

한 임대인이 임차인과 임대차 계약을 체결할 당시 재건축을 위해 즉시 비워주기로 특약을 체결했으나, 법원의 판단은 기존 임대차 계약 기간이 여전히 유효하다는 입장으로 임대차 계약의 기본 원칙이 존중되어야 한다는 점을 보여줍니다. 재건축을 위한 특약이 존재하더라도, 기존 계약의 조건이 우선시된다는 점에서 임대인의 일방적인 요구는 법적으로 인정되지 않았습니다.

이러한 사례들은 재건축 사업에서 임대차 계약 시 특약을 명확히 기재하지 않을 경우 발생할 수 있는 법적 분쟁의 위험성을 잘 보여줍니다. 따라서 임대차 계약 체결 시 재건축 관련 사항을 명확히 고지하고, 특약 조항을 구체적으로 기재하는 것이 필수적입니다. 이를 통해 임차인과의 갈등을 예방하는 동시에 재건축 사업의 원활한 진행을 도모할 수 있을 것입니다.

관련 법규 검토 및 인허가 절차 준비

재건축 사업은 복잡한 법적 프레임워크와 규제의 영향을 받기 때문에 해당 법규들을 심층적으로 분석하고 이해하는 것이 필수적입니다. 따라서 관련 법규의 조항을 면밀히 검토하고, 인허가 절차를 체계적이고 효율적으로 준비하는 과정이 요구됩니다. 이를 통해 법적 리스크를 최소화하고, 재건축 프로젝트의 성공적인 추진을 보장할 수 있습니다. 또한, 각 단계에서의 규정 준수는 이해관계자들과의 원활한 협력을 촉진하고, 사업의 지속 가능성을 높이는 데 기여할 것입니다.

재건축 사업의 시행사, 시공사 등의 선정

재건축 사업의 성공 여부는 시행사, 시공사, 그리고 행정용역업체의 선정에 의해 크게 좌우되므로, 이들 업체의 수행 능력과 전문성을 종합적으로 검토해서 적합한 파트너를 선정하는 것이 필수적입니다. 또한, 구분소유자들의 의견을 적극 반영해서 신뢰를 구축하는 것이 중요합니다.

상가 재건축 과정에서는 시행사와 시공사 선정 과정에서 다양한 갈등이 발생할 수 있습니다. 재건축 구성원들은 각자의 이해관계를 반영하고자 하지만, 의견이 일치하지 않을 경우가 많습니다. 이와 함께 선정된 시행사와 시공사의 역할 및 책임에 대한 분쟁도 발생할 수 있습니다.

이러한 분쟁을 사전에 예방하기 위해서는 재건축 구성원과 재건축 위원회 간의 지속적인 소통의 장을 마련하는 것이 중요하며, 전문 업체의 지원을 받아 재건축 현장의 특성에 맞는 시행사, 시공사, 행정용역 업체를 합리적으로 선정하는 것이 필요합니다.

시행사 선정 시 고려해야 할 주요 요소는 다음과 같습니다. 첫째, 시행사의 경험과 전문성으로, 과거 프로젝트의 성공 사례와 관련 분야에서의 경력을 평가합니다. 둘째, 재무 안정성으로, 시행사가 재정적으로 안정적이며 프로젝트를 원활히 진행할 자본을 보유하고 있는지를 확인해야 합니다. 셋째, 인력과 조직 구조로, 적절한 인력과 조직이 갖춰져 있는지를 살펴봐야 합니다. 넷째, 프로젝트 관리 능력으로, 대형 프로젝트를 효과적으로 관리할 수 있는 능력을 평가합니다. 다섯째, 법적 및 규제 준수 여부로, 관련 법규를 준수하고 있는지, 과거 법적 문제의 이력이 있는지를 확인해야 합니다. 마지막으로, 고객인 재건축 구성원과의 커뮤니케이션 능력이 중요합니다. 고객의 요구사항을 이해하고 원활히 소통할 수 있는 능력이 필요합니다. 이러한 요소들을 종합적으로 고려해서 적합한 시행사를 선정하는 것이 필수적입니다.

시공사 선정 또한 매우 신중해야 합니다. 대형 시공사의 참여는 재건축 구성원들의 기존 자산 가치를 향상시키는 중요한 요소일 뿐만 아니라, 사업의 안전성에도 큰 영향을 미칩니다. 시공사의 재정 문제나 기타 원인으로 인한 공사 지연 및 하자 발생은 상가 재건축 사업에서 주요 분쟁 요인으로 작용할 수 있습니다. 공사 지연은 예산 초과, 설계 변경, 인허가 지연 등으로 인해 발생할 수 있으며, 하자는 건물의 안전성과 내구성을 저해할 수 있습니다.

시공 및 분양 단계 – 공사 진행 관리 및 안전 대책

재건축 과정에서 시공 및 분양 단계는 공사 진행 관리와 안전 대책이 필수적입니다. 이 두 요소는 프로젝트의 성공을 결정짓는 중요한 요인으로, 효과적인 실행이 요구됩니다. 공사 진행 관리에서 일정 관리는 프로젝트의 전체 진행 상황을 좌우하며, 주기적인 점검과 조정을 통해 예상치 못한 지연을 최소화해야 합니다. 예를 들어, 서울의 한 재건축 프로젝트에서는 일정 지연으로 인해 추가 비용이 발생한 사례가 있었습니다. 또한, 정기적인 진척 상황 점검은 문제를 조기에 발견하고 해결하는 데 중요한 역할을 합니다. 이를 통해 시공사와의 협력 체계를 강화하고, 문제 발생 시 신속하게 대응할 수 있습니다. 재건축 과정에서 공사 진행 관리와 안전 대책은 프로젝트 성공을 위한 필수 조건이며, 이 2가지 요소가 잘 결합될 때 안전하고 효율적인 공사 환경이 조성되어 모든 이해관계자에게 이익이 됩니다.

분양 및 홍보 전략 수립

재건축 위원회가 직접 분양을 진행할 경우, 분양대행 수수료에 대한 부담이 줄어듭니다. 일반적으로 직접 분양은 분양 대상자가 어느 정도 확정되어 있고, 소규모 재건축 현장만 가능하다고 할 수 있습니다. 실무적으로는 분양 경험이 풍부하고, 노하우가 축적되어 있으며, 지역 및 분양 물건의 특성을 잘 이해하고 있는 전문 분양대행사를 찾아 분양업무를 대행시키는 것이 바람직합니다.

분양대행사는 평소에는 소수 인원으로 운영되다가 분양 물건이 있을 경우 조직을 구성하고, 분양이 완료되면 해체하는 경우가 많습니다. 이로 인해 분양 조직은 점 조직 형태로 구성 및 해체를 반복하는데, 분양 대행업체는 공식적으로 제도권 내에서 활동하거나 타 업종과 병행해서 대행하는 형태로 구분될 수 있습니다. 공식적인 대행사는 어느 정도의 경험과 규모를 갖춘 반면, 부동산 중개법인이나 중개인, 컨설팅 이름으로 활동하는 다양한 대행사도 존재합니다.

분양대행 계약서의 일반 사항에는 다음과 같은 내용이 포함됩니다. 분양 목적물에 대한 사항, 분양 위임 기간, 대행 수수료 및 지급 방법, 분양금 수납 방법 및 계약서 작성, 이행 보증금, 기타 사항 등이 있습니다.

이주대책 마련

재건축 과정에서 이주비는 재건축 사업으로 인해 기존 주거지를 떠나야 하는 구분소유자나 세입자들이 이사 비용을 충당하기 위해 필요한 금액을 의미합니다. 재건축이 진행될 경우, 사업 구역 내에 거주하는 구분소유자들은 필연적으로 새로운 거주지를 찾아야 하며, 이 과정에서 발생하는 이사 비용, 새로운 주거지의 보증금, 기존 임차인의 보증금 반환 등 다양한 비용을 고려해야 합니다. 이러한 이유로 이주비는 재건축 사업의 중요한 요소로 자리잡고 있습니다.

이주비는 상가 재건축의 경우 종전자산의 감정평가액을 기준으로 산정되며, 도시정비법상의 주택시설 재건축과는 달리 각종 여건에 따라 종전감정평가액의 40% 전후에 해당하는 금액으로 대출이 가능합니다.

이는 재건축구성원들이 새로운 사업지(거주지)를 확보하고, 기존 임차인의 보증금을 반환하거나 종전자산에 대한 담보대출금을 변제하는 데 필수적인 자금으로 활용됩니다. 따라서, 이주비는 단순히 이사 비용을 넘어, 재건축구성원의 재건축 동의 결정에 중요한 재정적 지원 수단으로 작용합니다.

이주비 지원 방식은 통상 저금리 대출 방식입니다. 재건축 구성원(조합원)들은 이주비를 대출받아 부담을 덜 수 있도록 하며, 대출금의 상환 조건을 유리하게 설정해서 이주 부담을 최소화하는 방안입니다. 저금리 대출은 재건축구성원(조합원)들에게 경제적 부담을 줄여주고, 재건축 사업이 완료된 후 새로운 사업지(주거지)에서 안정적인 생활을 이어갈 수 있도록 돕습니다.

재건축 결의 이후 관리처분계획을 수립할 때 이주비 대책이 확정되어야 하므로, 재건축구성원(조합원)들의 의견을 충분히 반영하고, 투명한 절차를 통해 신뢰를 구축하는 것이 중요합니다. 재건축구성원(조합원)들의 의견을 반영한 이주비 지원 대책은 그들이 안정적으로 이주할 수 있도록 도와주며, 재건축 사업의 원활한 진행을 도모하는 데 기여할 것입니다. 이러한 점에서 이주비 지원 방안은 재건축 추진의 핵심 과제로 자리잡고 있으며, 재건축구성원(조합원)들이 보다 나은 생활 환경을 구축할 수 있도록 하는 데 필수적입니다.

이와 같은 이주비 지원 대책은 재건축 사업의 성공적인 완료뿐만 아니라, 재건축구성원(조합원)들의 삶의 질을 향상시키는 데도 중요한 역할을 합니다. 재건축이 진행되는 동안 발생하는 여러 가지 경제적 압박을 최소화하고, 재건축구성원(조합원)들이 새로운 환경에서 적응할 수 있도록 돕는 것은 재건축 사업의 궁극적인 목표 중 하나로, 이를 통해 지역 사회의 지속 가능한 발전이 이뤄질 수 있습니다. 따라서, 종합적인 이주비 지원 방안을 마련하고 이를 통해 재건축구성원(조합원)들이 안정적으로 이주할 수 있도록 하는 것이 재건축 추진의 핵심 과제라고 할 수 있습니다. 그러나 과도한 이주비 지원은 분양가 상승을 불러와 미분양 사태를 초래할 수 있다는 점까지 기억하시길 바랍니다.

하자 관리 및 사후 관리 대책

재건축의 하자 관리 및 사후 관리 대책은 구분소유자의 만족도와 삶의 질을 높이는 데 필수적입니다. 효과적인 하자 관리 시스템을 구축하기 위해 구분소유자가 쉽게 하자를 신고할 수 있는 온라인 플랫폼을 마련하고, 정기적인 하자 점검을 통해 문제를 사전에 발견해야 합니다. 전문 인력을 배치해서 신속하고 정확한 관리가 이뤄지도록 하며, 지속적인 시설 관리가 필요합니다. 이를 위해 유지보수 계획을 수립하고 정기적으로 점검 및 보수를 실시해야 합니다.

또한 구분소유자와의 소통을 강화해서 의견을 수렴하고, 하자 관리에 대한 정보를 투명하게 공유해야 합니다. 구분소유자 교육 프로그램을 통해 하자 관리의 중요성을 안내하는 것도 중요합니다. 마지막으로,

관련 법률 및 규정을 준수함으로써 하자 관리 및 사후 관리가 법적으로 문제가 없도록 해야 합니다. 이러한 대책을 통해 구분소유자의 만족도를 높이고 재건축 사업을 성공적으로 마무리할 수 있습니다.

5

집합건물법 재건축 과정의
핵심 TIP!

재건축 결의에 동의했다가 번복 가능한가?

재건축 사업은 다양한 이해관계가 얽힌 복잡한 과정으로, 구분소유자들의 동의가 필수적입니다. 재건축 결의에 대한 합의가 이뤄지면, 일반적으로 해당 결의에 동의한 구분소유자들은 사업 진행에 참여하게 됩니다. 그러나 동의한 후에도 여러 이유로 동의를 철회하고자 하는 경우가 발생할 수 있으며, 이러한 동의 철회는 법적으로 가능하다는 점에서 중요한 의미를 갖습니다.

재건축 결의에 동의한 후, 결의가 완료된 이후에도 구분소유자는 동의를 철회할 수 있는 가능성이 존재합니다. 특히, 재건축 결의가 완료된 이후에도 구분소유자는 미동의한 구분소유자들에게 서면으로 재건축 결의에 참가할 것인지 최종 촉구하기 전까지 동의를 철회할 수 있습니다. 이는 구분소유자의 권리를 보호하고, 재건축 사업의 공정성을 유지하기 위한 장치로 작용합니다. 그러나 동의 철회가 이뤄질 경우, 재건축 사업에 상당한 지장을 초래할 수 있으며, 이는 추가적인 분쟁이나 소송으로 이어질 수 있으므로 신중한 결정이 필요합니다. 이러한 경우에는 법률 전문가의 자문을 통해 결정하는 것이 바람직합니다.

동의 철회가 발생하는 이유는 다양합니다. 재건축 사업은 장기적인 투자와 관련된 결정이기 때문에, 초기 동의 후 시간이 지나면서 소유자의 개인적 상황이나 재정적 여건, 가족의 상황, 또는 지역 개발 계획의 변화 등이 영향을 미칠 수 있습니다. 이러한 변화는 소유자가 동의를 철회할 수 있는 정당한 이유가 됩니다. 따라서, 동의 철회를 허용하는 것은 공정한 절차를 보장하는 데 중요한 요소로 작용합니다.

집합건물법에 따르면 재건축 결의가 유효하기 위해서는 구분소유자 및 의결권의 80% 이상의 동의를 얻어야 하지만, 실무적으로는 85% 이상의 동의를 확보하는 것이 중요할 수 있습니다. 이는 동의 철회자가 발생할 경우, 전체 재건축 사업에 미치는 영향을 고려한 것입니다. 동의 철회가 불가능하다면 일부 소유자의 의사에 따라 전체 재건축 사업이 진행될 수 있어 이는 불공정한 상황을 초래할 수 있습니다. 관련 판례에서도 이러한 점을 고려해서 동의 철회를 인정하고 있으며, 법원은 재건축 사업의 공정성과 개인의 선택을 중시하는 방향으로 판단하고 있습니다.

결론적으로, 재건축 결의에 대한 동의 철회는 가능하며, 이는 여러 사회적, 법적, 개인적 요인에 의해 정당화됩니다. 재건축 사업의 복잡한 이해관계를 고려할 때, 이러한 동의 철회의 가능성은 단순히 개인의 권리를 보호하는 데 그치지 않고, 공정하고 민주적인 재건축 절차를 보장하는 중요한 수단으로 작용합니다. 이러한 관점은 향후 재건축 정책과 절차 개선에 있어 중요한 시사점을 제공할 것입니다.

집합건물법의 매도청구권은 만능 키?

우선 집합건물법 제48조에서 정한 구분소유권 등의 매도청구에 관한 법률을 살펴봅니다.

제48조(구분소유권 등의 매도청구 등)
① 재건축의 결의가 있으면 집회를 소집한 자는 지체 없이 그 결의에 찬성하지 아니한 구분소유자(그의 승계인을 포함한다)에 대하여 그 결의 내용에 따른 재건축에 참가할 것인지 여부를 회답할 것을 서면으로 촉구하여야 한다.
② 제1항의 촉구를 받은 구분소유자는 촉구를 받은 날부터 2개월 이내에 회답하여야 한다.
③ 제2항의 기간 내에 회답하지 아니한 경우 그 구분소유자는 재건축에 참가하지 아니하겠다는 뜻을 회답한 것으로 본다.
④ 제2항의 기간이 지나면 재건축 결의에 찬성한 각 구분소유자, 재건축 결의 내용에 따른 재건축에 참가할 뜻을 회답한 각 구분소유자(그의 승계인을 포함한다) 또는 이들 전원의 합의에 따라 구분소유권과 대지사용권을 매수하도록 지정된 자(이하 "매수지정자"라 한다)는 제2항의 기간 만료일부터 2개월 이내에 재건축에 참가하지 아니하겠다는 뜻을 회답한 구분소유자(그의 승계인을 포함한다)에게 구분소유권과 대지사용권을 시가로 매도할 것을 청구할 수 있다. 재건축 결의가 있은 후에 이 구분소유자로부터 대지사용권만을 취득한 자의 대지사용권에 대하여도 또한 같다.
⑤ 제4항에 따른 청구가 있는 경우에 재건축에 참가하지 아니하겠다는 뜻을 회답한 구분소유자가 건물을 명도(明渡)하면 생활에 현저한 어려움을 겪을 우려가 있고 재

건축의 수행에 큰 영향이 없을 때에는 법원은 그 구분소유자의 청구에 의하여 대금 지급일 또는 제공일부터 1년을 초과하지 아니하는 범위에서 건물 명도에 대해 적당한 기간을 허락할 수 있다.

⑥ 재건축 결의일부터 2년 이내에 건물 철거공사가 착수되지 아니한 경우에는 제4항에 따라 구분소유권이나 대지사용권을 매도한 자는 이 기간이 만료된 날부터 6개월 이내에 매수인이 지급한 대금에 상당하는 금액을 그 구분소유권이나 대지사용권을 가지고 있는 자에게 제공하고 이들의 권리를 매도할 것을 청구할 수 있다. 다만, 건물 철거공사가 착수되지 아니한 타당한 이유가 있을 경우에는 그러하지 아니하다.

⑦ 제6항 단서에 따른 건물 철거공사가 착수되지 아니한 타당한 이유가 없어진 날부터 6개월 이내에 공사에 착수하지 아니하는 경우에는 제6항 본문을 준용한다. 이 경우 같은 항 본문 중 "이 기간이 만료된 날부터 6개월 이내에"는 "건물 철거공사가 착수되지 아니한 타당한 이유가 없어진 것을 안 날부터 6개월 또는 그 이유가 없어진 날부터 2년 중 빠른 날까지"로 본다.

[전문개정 2010. 3. 31.]

집합건물법 제48조의 매도청구권은 재건축 과정에서 구분소유자의 권리를 보호하는 중요한 법적 장치입니다. 이 조항은 재건축 결의가 이뤄질 경우, 집회를 소집한 자가 찬성하지 않은 구분소유자에게 재건축 참여 여부를 서면으로 촉구해야 하며, 구분소유자는 해당 촉구를 받은 날로부터 2개월 이내에 회답해야 하는 의무를 부여합니다. 만약 이 기간 내에 회답하지 않을 경우, 자동적으로 재건축에 참가하지 않겠다는 의사로 간주됩니다.

이러한 매도청구권은 형성권의 성격을 가지며, 재건축 결의가 무효가 되지 않는 한 매도청구 소송을 당하는 구분소유자 입장에서는 패소할 수밖에 없는 구조입니다. 그러나 매도청구권 행사에 앞서 집회를 소집한 자는 반드시 구분소유자에게 서면으로 촉구하는 절차를 거쳐야 하며, 이 과정에서 구분소유자는 재건축 결의에 대한 구체적인 의사를 명확히 해야 합니다. 법원 판례에 따르면, 구분소유자가 회답을 지연하거나 다른 의견을 제시하는 것은 법률에 의해 정해진 2개월의 기한을 연장할 수 없습니다.

매도청구권의 행사 기간은 매우 중요합니다. 법률에서 정한 기한을 초과하면 매도청구권을 행사할 수 없으며, 이로 인해 재건축 결의를 다시 진행해야 할 가능성도 존재합니다.

매도청구를 당한 구분소유자는 개발이익을 고려한 시가 보상을 받을 수 있으며, 만약 해당 부동산에 기존 임차인이 있을 경우, 임차인의 명도 문제는 매도청구를 행사한 측에서 해결해야 합니다. 구분소유자 대다수가 참여하는 재건축 사업인 만큼, 가능한 한 분쟁 없이 원활하게 진행하는 것이 바람직하지만, 불가피한 사정이 있다면 전문가와 상담해서 적절한 대처 방안을 모색하는 것이 권장됩니다.

이미 매도청구소송이 진행 중인 경우, 재건축 결의가 적법하게 이뤄졌는지 검토해서 무효를 주장하는 소송을 제기할 수 있습니다. 만약 결의에 하자가 있다면, 해당 결의는 무효가 되며 매도청구소송에서 승소할 가능성이 높아집니다.

또한, 매도청구소송에서 패소한 경우에는 소송에서 확정된 매매 대금을 지급하라고 최고할 수 있으며, 정당한 사유 없이 여러 차례의 최고에도 불구하고 매매 대금을 지급하지 않는다면, 매매 계약을 해지할 수 있습니다. 이 경우, 매도청구소송의 확정된 판결을 무력화하고 재건축 결의 자체도 무효화할 수 있습니다.

마지막으로, 재건축 결의일부터 2년 이내에 건물 철거공사가 착수되지 않은 경우, 매도청구소송을 통해 양도된 소유권을 재매도할 것을 청구할 수 있는 여지가 있습니다. 이러한 법적 절차와 규정들을 충분히 이해하고 활용하는 것이 구분소유자로서의 권리를 지키는 데 필수적입니다.

대지지분이 없으면 재건축에 참여할 수 없다?

대지지분이 없는 경우 재건축 참여에 대한 법적 해석은 다음과 같이 설명할 수 있습니다.

1984년 집합건물법이 시행되기 이전에는 집합건물의 대지지분이 불균형하게 배분되는 등 여러 문제가 발생했습니다. 집합건물법이 제정된 이후에도 토지별도등기나 대지권 정리가 미비한 사례가 많아, 대지권이 없는 건물 소유자는 '뚜껑'만 소유하고 있는 상황으로 비유되곤 합니다.

집합건물법 제47조 제1항에 따르면, 재건축 결의는 해당 건물의 구분소유자 5분의 4 이상과 의결권의 5분의 4 이상이 동의해야 합니다. 따라서 구분소유권, 즉 건물 소유권만 가지고 있더라도 재건축 결의에 참여하는 것이 가능합니다.

이는 오래된 건물에서 대지권 정리가 이뤄지지 않거나, 토지 소유권이 건물 분양 당시 시행사 명의로 되어 있는 경우에도 해당됩니다. 이런 경우, 구분소유자로서 재건축 결의에 참여한 후 대지권 취득을 위한 협상 및 소송을 진행해야 할 필요가 있습니다.

재건축 결의 이후 건축 허가를 신청할 때 대지 소유권 확보에 대한 요건은 '건축법' 제11조 제11항 2호에서 확인할 수 있습니다.

이 법률에 따르면, 일반적으로 건축 허가 신청자는 해당 대지의 소유권을 보유해야 합니다. 그러나 예외적으로, 건축주가 건축물의 노후화나 구조적 안전 문제 등의 이유로 신축, 개축, 재축, 또는 리모델링을 진행할 경우, 해당 대지의 공유자 수의 80% 이상의 동의를 얻고, 동의한 공유자의 지분 합계가 전체 지분의 80%를 초과하는 경우에는 대지 소유권의 동의 없이도 건축 허가를 신청할 수 있습니다.

'건축법' 제11조 제11항 2호

⑪ 제1항에 따라 건축 허가를 받으려는 자는 해당 대지의 소유권을 확보하여야 한다. 다만, 다음 각 호의 어느 하나에 해당하는 경우에는 그러하지 아니하다. 〈신설 2016. 1. 19., 2017. 1. 17., 2021. 8. 10.〉

2. 건축주가 건축물의 노후화 또는 구조안전 문제 등 대통령령으로 정하는 사유로 건축물을 신축·개축·재축 및 리모델링을 하기 위해 건축물 및 해당 대지의 공유자 수의 100분의 80 이상의 동의를 얻고 동의한 공유자의 지분 합계가 전체 지분의 100분의 80 이상인 경우

집합건물의 재건축에서 구분소유권이 신탁된 경우, 재건축 결의에 있어서 의결권의 행사는 누가 해야 할까요?

부동산 신탁은 여러 가지 장점을 가지고 있으며, 그중 하나는 해당 부동산을 집행 재산으로부터 분리할 수 있다는 점입니다. 예를 들어, 채권자 A가 채무자 B를 상대로 강제집행을 시도하더라도, 채무자 B가 소유한 부동산을 신탁회사에 신탁했다면 그 부동산에 대해 강제집행을 할 수 없는 원칙이 적용됩니다. 이 경우 대외적으로 해당 부동산은 신탁회사의 소유로 간주됩니다.

이러한 신탁 관계는 집합건물의 구분소유자의 의결권 행사에도 상당한 영향을 미칩니다. 구분소유자는 관리단의 일원으로서 의결권을 행사할 수 있지만, 특정 전유부분이 신탁되었다면 의결권을 행사할 주체는 대외적으로 신탁회사로 간주됩니다. 따라서 법적으로 신탁사가 의결권을 행사할 수 있으며, 신탁하기 전 구분소유자가 의결권을 단독으로 행사한 경우는 유효하지 않을 수 있습니다.

재건축을 앞두고 신탁 계약을 체결하는 경우, 재건축 결의 시 위탁자가 의결권 행사를 하도록 정할 수 있는 방법이 있습니다. 실무적으로는 신탁사와 위탁자 모두의 날인이 포함된 동의서를 받거나, 위탁자가 신탁사로부터 위임을 받아 재건축 결의에 동의할 수 있습니다.

신탁사와 위탁자 모두가 날인한 재건축 결의서는 신탁 계약의 해지로 인해 위탁자가 변경되더라도, 이 구분소유권을 인수한 제3자에게 그대로 승계되는 효과를 얻을 수 있습니다.

집합건물법 재건축 결의 시 인감증명서를 필수로 첨부하고 인감도장을 날인하지 않아도 적법한 결의로 인정받을 수 있다

도시정비법과는 달리 집합건물법 재건축에서는 신분증사본 첨부와 서명날인 그리고 지장을 찍는 것으로도 충분할 수 있습니다. 재건축 결의서는 추후 건축 심의와 건축 허가신청 때 제출해야 하는 상당히 중요한 서류입니다.

실무적으로는 건축결의서를 제출하거나 징구할 때 인감도장 날인과 인감증명서를 요구하면 거부감을 드러내는 구분소유자분들이 많이 있습니다.

재건축 결의서 또는 재건축 규약에 '추후 재건축 인허가 절차에서 재건축 결의자의 인감도장 날인과 인감증명서 제출이 필요하면 지체 없이 제출하겠다'라는 문구를 기입하는 것이 좋습니다.

집합건물법의 재건축 결의와 건축 허가를 신청하는 경우, 구분소유권 및 대지권에 압류 및 경매기입등기 등이 설정되어 있다면 압류권자나 저당권자의 동의가 없는 경우에도 재건축 결의에 대한 동의가 가능하고 건축 허가 신청도 가능한지?

집합건물법에 따른 재건축 허가 신청 시, 구분소유권 및 대지권에 압류나 저당권이 설정된 경우에도 압류권자나 저당권자의 동의 없이 건축 허가를 신청할 수 있다는 주장을 할 수 있는 법적 근거는 다음과 같습니다.

첫째, 집합건물법 제20조에서는 재건축을 위한 건축 허가 신청에 대해 구분소유자의 동의가 필요하다고 명시하고 있습니다. 그러나 이 조항은 구분소유자 간의 동의에 관한 사항으로, 압류권자나 저당권자의 동의에 대한 직접적인 요구는 없습니다. 따라서 구분소유자 중 한 사람이 재건축 허가를 신청할 수 있는 권리는 여전히 유효합니다.

둘째, 민법 제185조에 따르면 저당권은 채권의 담보를 위해 설정된 것으로, 저당권자가 동의하지 않더라도 소유자는 자신의 재산을 처분할 수 있는 권리가 있습니다. 이는 건축 허가 신청이 저당권의 설정이나 변경을 초래하지 않는 한, 저당권자의 동의가 필요하지 않다는 것을 의미합니다.

셋째, 행정법 원칙에 따라, 행정청은 법적 요건을 충족하는 경우에 재량적으로 건축 허가를 발급할 수 있습니다. 따라서 압류나 저당권이 설정된 상태에서도 법적 요건을 만족한다면 건축 허가 신청이 가능하다는 해석이 가능합니다.

이와 같은 이유로, 집합건물법 및 민법의 해석에 따라 재건축 허가 신청은 압류권자나 저당권자의 동의 없이도 가능하다는 주장을 뒷받침할 수 있습니다.

집합건물법에 따른 재건축 결의의 주체는?

집합건물법에 따른 재건축 결의의 주체는 구분소유자 전원으로 구성된 관리단입니다. 구분소유자가 10인 이상일 경우, 관리인을 선임해서 관리단을 구성하고, 관리단의 사무는 법령이나 규약에 따라 관리인에게 위임된 사항 외에는 관리단 집회의 결의에 의해 진행됩니다.

재건축 결의에 대해서는 집합건물법 제47조 제1항에서 관리단 집회의 결의가 필요하다고 명시하고 있으며, 제2항에서는 구분소유자 및 의결권의 5분의 4 이상의 동의가 있어야 한다고 규정하고 있습니다. 반면, 도시정비법에서는 조합 설립을 위한 필수적인 절차로 조합설립추진위원회를 두고 있으며, 조합이 설립된 이후에도 별도의 추진위원회를 운영하는 경우 형사처벌 규정이 적용됩니다.

집합건물법에 따른 재건축 결의는 관리단 집회에서 이뤄져야 하지만, 현실적으로는 일부 구분소유자들이 재건축추진위원회를 별도로 구성하는 경우도 있습니다. 이러한 재건축추진위원회는 임의단체로서, 한 사업구역 내에 여러 개가 존재할 수도 있습니다.

결론적으로, 집합건물법에 의해 구성된 관리단 집회는 구분소유자 전원으로 구성된 단체이며, 재건축추진위원회는 재건축 결의에 동의한 구분소유자들의 임의 단체입니다. 만약 구분소유자 및 의결권의 5분의 4 이상이 관리단 집회가 아닌 재건축추진위원회 집회에서 재건축 결의를 완성했다면, 해당 재건축추진위원회의 재건축 결의는 유효합니다.

또한, 동일한 사업구역 내에서 여러 재건축추진위원회에 각각 재건축 동의서를 제출한 경우, 최종적으로 제출한 임의단체의 재건축 결의가 유효하게 됩니다.

집합건물법 재건축에서 신탁등기 과정

집합건물법에 따른 재건축 과정에서의 신탁등기 절차와 의무는 별다른 규정이 없으나 재건축 사업을 원활하게 진행하기 위해 꼭 필요한 절차라고 할 수 있습니다.

신탁등기의 내용

신탁등기는 집합건물의 재건축 사업을 원활하게 진행하기 위해 조합원(재건축 구성원)이 소유하고 있는 집합건물의 신탁재산을 일정 기간 동안 사업 시행자인 조합 또는 사업시행자에게 관리 및 처분하도록 하는 절차입니다.

신탁등기를 하게 되면, 조합원은 실질적인 소유권을 유지하지만, 형식적인 소유권은 조합에 신탁하게 됩니다. 이를 통해 조합원 간의 권리를 보호하고 사업을 효율적으로 추진할 수 있습니다.

조합은 신탁된 조합원의 재산권을 재건축 사업의 목적에 맞게 행사해야 하며, 재건축 사업이 종료되면 즉시 신탁을 해지하고, 재건축 결의 당시 새건물의 구분소유권에 관한 귀속의 기준에 따라 조합원에게 새 건물의 구분소유권을 귀속시키며, 새 건물의 연면적 대비 전용률에 대지지분율을 산정해서 등기해야 합니다. 수탁자인 조합 또는 사업시행자는 위탁자이자 수익자인 조합원과의 신탁 계약서에 명시된 목적 범위 내에서 권리를 행사할 수 있으며, 이를 벗어날 경우 위탁자인 조합원은 신탁 계약을 해지할 수 있습니다.

신탁등기의 필요성

재건축 사업을 추진할 때, 조합원 간의 권리 규정이 명확하지 않은 경우에도 신탁등기가 이뤄지는 경우가 있습니다. 이러한 절차는 재건축 사업의 진행 속도를 높일 수 있지만, 동시에 조합원들의 재산권 행사에 제한을 줄 수 있습니다. 그럼에도 불구하고 신탁등기는 조합원들의 채권자나 조합 채권자에 의한 강제 집행을 예방하고, 반대 조합원에 의한 허위 담보권 설정 등의 방해를 피하는 데 도움을 주기 때문에 재건축 사업의 원활한 진행을 위해 필수적인 절차라고 할 수 있습니다.

신탁등기의 성격과 효력

신탁등기의 성격과 효력에 대해서도 살펴보면, 재건축 위원회(조합)의 정관에 신탁등기에 대한 규정이 명시되어 있을 경우, 조합은 신탁등기를 이행하지 않는 조합원에게 신탁을 요구할 수 있습니다. 이 경우, 조합원들은 조합의 요청에 따라 소유하고 있는 집합건물의 신탁을 위해 소유권 이전 등기 절차를 이행해야 할 의무가 있습니다. 대법원도 '조합원은 조합의 재건축 사업 목적 달성을 위해 협력할 의무가 있으며, 조합 정관에 규정된 현물 출자 의무는 조합원 소유의 집합건물을 조합에 이전하는 의무를 포함한다'라고 판결했습니다.

신탁등기의 시기에 대해서는 집합건물법에 따른 재건축의 경우 신탁등기는 재건축 결의가 완료되고 건축 심의를 통과한 후 또는 건축 인허가가 완료된 후에 진행될 수 있습니다. 하지만 각 현장마다 신탁등기의 필요성에 대한 시기가 다를 수 있으므로, 외부 전문가와 상의해서 결정하는 것이 바람직합니다.

재건축 결의는 총회를 개최하지 않고도 서면 결의로 충분히 진행될 수 있다

재건축 위원회 또는 재건축 조합은 임의단체로서 민법상의 비법인 사단으로, 조합원 간의 의사 합의는 일반적으로 총회의 결의에 의존해야 하지만, 집합건물법 제49조에 따라 재건축 결의 내용을 변경할 때는 조합원의 이해관계를 고려해 법 제47조 제2항의 의결정족수를 유추 적용해서 조합원 5분의 4 이상의 결의가 필요합니다.

또한, 집합건물의 소유 및 관리에 관한 법률 제41조 제1항에 따르면, 관리단 집회에서 결의해야 하는 사항에 대해 구분소유자 및 의결권의 5분의 4 이상의 서면 합의가 있을 경우, 관리단 집회의 결의로 간주됩니다. 재건축 결의는 법 제47조 제1항에 의해 관리단 집회에서 결의할 수 있는 사항이므로 서면 결의가 가능합니다.

재건축 조합은 대체로 조합원이 많고, 조합원마다 재건축에 대한 관심과 참여 정도가 다르며, 재건축 과정이 복잡하고 장기간에 걸쳐 진행됩니다. 또한, 재건축 대상 건물이 철거된 후 조합원의 거주지가 여러 곳으로 분산되는 등의 상황을 감안할 때, 재건축 결의 내용의 변경 역시 법 제41조 제1항을 유추 적용해서 서면 합의로 진행할 수 있습니다.

집합건물법 재건축에서도 대지 지분율이 중요하다

재건축 사업에서 대지 지분율의 중요성은 매우 큽니다. 특히, 재건축을 앞둔 상업용 건물의 경우 대지 지분의 크기에 따라 시세가 크게 좌우되는 경향이 있습니다. 노후한 건축물을 철거하고 새로운 건물을 세울 때, 남는 대지의 면적은 건축 가능성과 수익성에 직접적인 영향을 미치기 때문입니다. 대지가 넓으면 더 큰 건물을 설계할 수 있어 수익성이 높아지는 반면, 대지가 좁을 경우 그에 따른 수익은 자연스럽게 감소하게 됩니다.

감정평가 과정에서는 조합원들이 출자하는 재산의 가치를 공정하게 산정해야 하며, 이는 추가 분담금이나 환급금에 중대한 영향을 미칩니다. 특히 여러 동이 함께하는 통합 재건축 사업에서는 소유한 부동산의 유형이 다양하기 때문에 평가의 형평성이 더욱 강조됩니다. 예를 들어, 동일 단지 내에서 20평 상가의 대지 지분이 5평인 경우와 40평 상가의 대지 지분이 20평인 경우, 대지 지분이 큰 조합원이 동일한 분양(보상)을 받을 때 추가 분담금이 동일하다면 불공정하다는 분쟁을 초래할 수 있습니다.

또한, 상가의 전용률이 서로 다를 경우에도 문제가 발생할 수 있습니다. 예를 들어, 한 건물의 상가 전용률이 70%인 반면, 다른 건물의 상가 전용률이 55%인 경우, 각 건물에 해당하는 대지 지분율이 다르게 배분된 상황에서 동일한 분담금이나 환급금을 적용한다면 상당한 분쟁이 발생할 가능성이 큽니다. 따라서 재건축 구성원 간에 출자 자산을 공정하게 평가하기 위해서는 단순히 건축물의 가치를 고려하는 것에 그치지 않고, 대지의 지분율 등을 충분히 반영해야 합니다.

이와 같은 접근 방식은 각 재건축구성원(조합원)이 공정하게 대우받을 수 있도록 하며, 향후 발생할 수 있는 갈등을 예방하는 데에도 기여할 것입니다. 공정한 감정평가는 조합원 간의 신뢰를 구축하고, 재건축 사업의 원활한 진행을 위한 기초가 될 것입니다.

재건축 결의를 위한 총회에서 정족수가 미달된 경우, 해당 결의는 원칙적으로 부결되지만, 추후 정족수를 보완하게 되면, 이 재건축 결의는 유효하게 인정될 수 있다

집합건물법에 따르면, 재건축을 위한 관리단 집회에서 정족수가 부족해서 재건축 동의가 부결된 상황이 발생할 수 있습니다. 이 경우, 관리단 또는 재건축 위원회는 구분소유자들에게 서면으로 재건축에 대한 동의를 다시 요청할 수 있으며, 이 서면 결의서가 제출될 때 부족한 정족수를 보완할 수 있습니다. 이러한 절차를 통해 서면 결의서가 제출되면, 이전 총회의 부결에도 불구하고 재건축 결의는 소급 적용은 안 되지만 다시 유효성을 가지게 됩니다. 재건축의 필요성과 구분소유자들의 의사를 반영한 결의가 이뤄질 수 있는 법적 근거가 마련됩니다. 결론적으로, 정족수가 미달된 총회의 결의가 서면 결의서로 보완되었을 경우, 해당 재건축 결의는 법적으로 유효하다고 할 수 있습니다. 이는 재건축 추진에 있어 중요한 절차적 장치를 제공하며, 구분소유자들의 의견을 보다 원활하게 수렴할 수 있는 기회를 제공합니다.

집합건물법 재건축 절차에서 중요한 관리처분 결의를 위한 총회는 인허가 사항이 아니다

집합건물법에 따른 재건축 과정에서는 재건축 위원회(조합)의 설립과 관리처분총회 결의가 중요한 2가지 단계로 진행됩니다. 이 과정에서 조합 설립과 관련된 결의 사항은 인허가를 받지 않아도 가능하다는 점이 특이합니다. 이러한 비인허가 특성은 조합의 운영에 여러 장점과 단점을 제공하며, 이는 재건축구성원(조합원)들에게 중요한 영향을 미칩니다.

먼저, 조합 설립과 관리처분총회 결의가 인허가를 요구하지 않는다는 점은 의사결정이 신속하게 이뤄지게 해줍니다. 조합원들은 필요한 경우 즉각적으로 소집되어 의견을 나누고, 사업 진행과 관련된 중요한 사항들을 신속하게 논의해서 결정을 내릴 수 있습니다. 이러한 신속한 의사결정은 사업의 진행 속도를 높이고, 갈등이나 분쟁의 발생 가능성을 줄이는 데 기여합니다. 조합원들이 스스로의 의사로 사업을 이끌 수 있는 자율성이 보장되기 때문에, 사업 계획을 필요에 따라 변경하거나 보완하는 데 유연하게 대응할 수 있습니다. 이는 경제적 측면에서도 유리하게 작용해 인허가 과정에서 발생할 수 있는 추가 비용이 없으므로 전체 사업비가 절감되는 효과를 가져옵니다.

하지만 비인허가 특성은 몇 가지 중요한 단점도 동반합니다. 특히 가장 큰 문제는 법적 불확실성입니다. 인허가 절차가 없기 때문에, 관심 있는 당사자들 간에 법적 분쟁이 발생할 가능성이 높아집니다. 이러한 갈등이 심화될 경우, 재건축 사업 전반에 걸쳐 추진에 큰 차질을 초래할 수 있으므로 조합원들이 보다 신중히 접근해야 할 필요가 있습니다.

게다가 조합원들 간에 이해관계가 충돌할 경우, 자율적인 운영이 갈등을 더욱 심화시킬 수 있습니다. 투명성 결여로 인해 외부 기관이 조합 과정을 감독하지 않기 때문에, 조합 운영이 불투명해지고 조합원들 간의 신뢰가 약화되는 결과를 초래할 수 있습니다.

덧붙여서, 관리처분총회가 인허가 대상이 아니라는 점에서 재건축 사업에 불리한 요소가 있습니다. 집합건물법에 따른 재건축 사업은 도시정비법의 적용을 받지 않기 때문에 세법의 특례에서도 제외되어 세제 혜택을 누릴 수 없는 상황입니다.

집합건물법 재건축이 더 빠르다

집합건물법에 따른 재건축 사업의 초기 추진 속도가 빠른 이유는 여러 가지 측면에서 분석될 수 있습니다. 첫 번째로, 도시정비법에 기반한 재건축 사업은 지방자치단체의 승인과 관리 감독을 필수적으로 요구합니다. 이러한 공적 개입은 사업 전반에 걸쳐 신중함을 요구하며, 특히 사업의 계획 수립 및 실시 과정에서 지자체와의 협의가 필수적입니다. 이로 인해 도시계획과 정비사업 간의 연계성이 높아져 전체적인 사업 절차가 체계적이고 안정적인 진행을 보장할 수는 있으나, 반대로 지자체의 승인 과정에서 발생하는 시간 지연이 사업 초기 단계에서의 추진 속도를 저해하는 요인으로 작용할 수 있습니다.

두 번째로, 집합건물법에 따른 재건축 사업은 구분소유자들이 스스로 사업을 주도하는 구조를 가지고 있습니다. 구분소유자 총회의 의결을 통해 사업이 추진되기 때문에, 초기 단계에서의 의사결정이 신속하게 이뤄질 수 있습니다. 이는 구분소유자 간의 이해관계가 비교적 명확하게 정리되고, 합의에 도달하는 과정이 원활하게 진행될 수 있다는 점에서 큰 이점으로 작용합니다. 결과적으로, 집합건물법에 따른 재건축 사업은 초기 추진 속도에서 도시정비법에 의한 재건축 사업보다 더 빠른 경향을 보이는 것입니다.

또한, 집합건물법은 특정한 법적 절차와 요건을 요구하지 않기 때문에 구분소유자들이 보다 유연하게 사업을 추진할 수 있는 환경이 조성됩니다. 이러한 유연성은 사업의 초기 단계에서 발생할 수 있는 다양한 변수에 빠르게 대응할 수 있는 기회를 제공하며, 이는 사업의 전반적인 진행 속도를 더욱 가속화하는 데 기여합니다.

결론적으로, 집합건물법에 따른 재건축 사업의 초기 추진 속도가 더 빠른 이유는 구분소유자들이 자율적으로 의사결정할 수 있는 구조와 지자체의 승인 과정에서 발생하는 시간 지연의 차이에서 기인한다고 할 수 있습니다. 이러한 특성들은 재건축 사업의 효율성을 높이는 데 중요한 역할을 하며, 결과적으로 구분소유자들의 주거 환경 개선에 긍정적인 영향을 미칠 수 있습니다.

집합건물법에 따른 재건축 결의를 할 수 있는 경우

건물의 훼손 또는 일부 멸실로 인한 재건축

건축 후 상당한 기간이 경과해 건물이 훼손되거나 일부가 멸실된 경우, 혹은 그로 인해 건물의 가격에 비해 과다한 수선·복구비 또는 관리 비용이 소요될 때 인정됩니다. 이는 건물을 그대로 사용하는 것이 현저히 불합리한 상황에서 적용됩니다.

토지의 효용 증가를 위한 재건축

부근 토지의 이용상황 변화나 기타 사정으로 인해 재건축 시 소요되는 비용에 비해 현저한 효용 증가가 기대되는 경우입니다. 이는 현재의 건물을 유지하는 것이 경제적으로 비효율적일 때 적용됩니다.

그러나 이 2가지 경우에 해당하는 재건축의 객관적 요건인 '상당한 기간의 경과', '그 밖의 사정', '과다한 비용', '현저한 효용의 증가'와 같은 추상적인 표현 때문에 재건축 요건이 명확하지 않은 것은 사실입니다. 따라서 위의 2가지 경우를 제외한 다른 재건축을 원할 경우, 구분소유자 전원의 동의를 받아야 합니다.

구 건물을 철거한 후 그 대지와 인접한 토지를 합쳐 새 건물의 대지로 이용하는 결의가 허용될까?

구 건물을 철거한 후 구 건물의 대지와 인접한 토지를 통합해 새로운 건물의 대지로 활용하는 결의가 허용되는지에 대한 문제는 집합건물법 제47조 제1항의 규정에 근거해서 분석할 수 있습니다.

> **제47조**(재건축 결의) ① 건물 건축 후 상당한 기간이 … 관리단집회는 그 건물을 철거하여 그 대지를 구분소유권의 목적이 될 새 건물의 대지로 이용할 것을 결의할 수 있다. 다만, 재건축의 내용이 단지 내 다른 건물의 구분소유자에게 특별한 영향을 미칠 때에는 그 구분소유자의 승낙을 받아야 한다.

집합건물법 제47조 제1항은 구 건물의 대지를 새 건물의 대지로 이용하기 위한 결의가 이뤄지는 경우, 구 건물의 대지를 활용하는 것뿐만 아니라, 인접한 토지를 포함한 새로운 대지의 구성에 대해서도 허용하고 있습니다. 따라서, 구 건물을 철거한 후 인접한 토지를 포함해서 새로운 건물의 대지로 사용하는 결의는 법적으로 가능하다고 해석할 수 있습니다. 이러한 결의는 공동 소유자들의 동의를 바탕으로 이뤄져야 하며, 새 건물의 용도 및 개발 계획에 대한 충분한 논의가 선행되어야 할 것입니다.

결론적으로, 구 건물 철거 후 인접 토지를 포함한 대지의 통합 활용은 집합건물법의 규정을 통해 합법적으로 진행될 수 있으며, 이는 공동체의 발전과 효율적인 공간 활용을 도모하는 데 기여할 것입니다.

여러 동의 건물을 연합(통합)재건축하는 것이 가능할까?

여러 동의 집합건물을 연합(통합)재건축하는 경우, 각 동별 구분소유자 및 의결권의 5분의 4 이상의 동의를 요건으로 해서 재건축 결의가 이뤄지면 가능합니다. 다만, 각 동별로 재건축 결의 요건을 충족할 경우, 적법한 재건축 결의가 성립되며, 결의에 동의하지 않은 구분소유자에 대해서는 각 동별로 매도청구권을 행사할 수 있습니다.

이는 집합건물의 소유 및 관리에 관한 법률 제47조 및 제48조에서 규정한 바와 같이 특정 동의 건물에 대한 재건축 필요성이 발생했을 때 물리적으로 불가분한 특성을 고려해서 다수결의 원리에 따라 구분소유권의 자유로운 처분을 제한하고, 건물 전체의 재건축을 원활하게 진행하기 위한 것입니다.

따라서 하나의 단지 내에서 여러 동의 건물이 존재하고 그 대지가 건물 소유자 전원의 공유에 속하는 경우, 모든 동을 일괄적으로 재건축하려는 경우에는 각 동의 구분소유자 4/5 이상의 동의를 얻어야 하며, 이 요건을 충족하지 못한 경우에는 단지 내 건물 소유자 전원의 4/5 이상의 동의만으로는 매도청구권을 행사할 수 없습니다.

또한, 만약 하나의 단지 내 여러 동의 집합건물 중 일부 동이 재건축 결의 요건을 충족하지 못했으나 나머지 동이 요건을 충족한 경우, 해당 나머지 동에 대해서는 적법한 재건축 결의가 성립하므로, 그 동의 구분소유자 중 재건축 결의에 동의하지 않은 자에 대해 매도청구권을 행사할 수 있습니다.

6

집합건물법 재건축 규정 해설

이 법의 주요 내용은 다음과 같습니다. 먼저 제47조에서는 재건축 결의 요건을 규정함으로써 구분소유자들의 권리와 이해관계를 보호하고 있습니다. 제48조는 재건축을 위한 조합 설립과 관련된 사항을 다루며, 소수 반대자의 권리를 보장하면서도 원활한 재건축 추진을 도모하고 있습니다. 제49조에서는 재건축 사업 시행에 대한 합의 사항을 규정하고 있습니다.

따라서 이 법은 노후 집합건물의 효율적인 관리와 구분소유자의 권리 보호를 위해 중요한 역할을 하고 있습니다. 특히 재건축 결정 과정의 투명성 확보, 구분소유자 간 형평성 유지, 재건축 사업의 안정적 추진 등의 측면에서 핵심적인 기능을 담당하고 있습니다.

재건축 관련 주요 쟁점 : 47조
– 재건축 결의 요건

집합건물법 제47조는 재건축 결의에 필요한 구체적인 요건을 규정하고 있습니다. 이 조항은 건물이 노후화되거나 토지 이용 상황이 변화한 경우 재건축을 결정할 수 있도록 하고 있습니다.

재건축 결의를 위해서는 구분소유자의 4/5 이상 및 의결권의 4/5 이상의 결의가 필요합니다. 다만, 관광 콘도미니엄의 경우에는 2/3 이상의 동의로 결의할 수 있습니다. 이는 소수의 반대자로 인해 재건축 사업이 지연되거나 무산되는 것을 방지하기 위한 조치로 볼 수 있습니다.

재건축을 결의할 때는 새 건물의 설계 개요, 철거 및 신축 비용 추산, 비용 분담 방식, 새 건물의 구분소유권 귀속 등 4가지 사항을 정해야 합니다. 특히 비용 분담과 구분소유권 귀속에 관한 사항은 구분소유자 간 형평성이 유지되도록 정해야 합니다.

또한 재건축 결의를 위한 관리단집회 의사록에는 각 구분소유자의 찬반 의사를 기록해야 합니다. 이를 통해 재건축 결정 과정의 투명성을 확보할 수 있습니다.

따라서 제47조는 효율적인 노후 건물 관리와 구분소유자들의 권리 보호를 위해 중요한 역할을 하고 있으며, 연합(통합)재건축의 허용에 관해 규정하고 있습니다. 특히 재건축 결의 요건과 절차에 대한 규정을 통해 재건축 사업의 안정적인 추진을 도모하고 있습니다.

재건축 관련 주요 쟁점 : 48조
– 구분소유권 등의 매도청구 등

집합건물법 제48조는 재건축 결의에 미동의한 이들에 대한 구분소유권 등의 매도청구 등과 관련된 규정을 담고 있습니다. 이 조항은 재건축 결의에 반대하는 소수의 구분소유자로 인해 전체 재건축 사업이 지연되거나 무산되는 것을 방지하기 위해 마련되었습니다.

첫째, 재건축 결의가 이뤄지면 집회를 소집한 자는 재건축에 찬성하지 않은 구분소유자에게 재건축 참여 여부를 서면으로 촉구해야 합니다. 이들은 2개월 내에 회답해야 하며, 회답하지 않을 경우 재건축에 참가하지 않겠다는 것으로 간주됩니다.

둘째, 2개월이 지나면 재건축 결의에 찬성한 구분소유자나 이들이 지정한 매수지정자는 재건축에 참여하지 않겠다고 회답한 구분소유자에게 구분소유권과 대지사용권을 시가로 매도할 것을 청구할 수 있습니다. 이는 소수의 반대로 인해 전체 재건축 사업이 지연되거나 무산되는 것을 방지하기 위한 조치입니다.

셋째, 재건축에 참여하지 않겠다고 회답한 구분소유자의 경우 생활에 큰 어려움을 겪을 우려가 있고 재건축 수행에 큰 영향이 없다면 법원은 명도 기간을 1년 이내로 허락할 수 있습니다. 이를 통해 구분소유자 간의 갈등을 최소화하고자 합니다.

따라서 제48조는 재건축 결의 과정에서 소수 반대자의 권리를 보장하면서도 원활한 재건축 추진을 도모하고 있습니다. 특히 구분소유자 간 형평성 유지와 갈등 해소를 위한 조치들이 포함되어 있습니다.

재건축 관련 주요 쟁점 : 49조
– 재건축에 관한 합의

집합건물법 제49조는 재건축 사업 시행에 대한 합의 사항을 규정하고 있습니다. 이 조항은 재건축 결의에 찬성한 구분소유자, 재건축에 참가할 뜻을 회답한 구분소유자, 그리고 구분소유권 또는 대지사용권을 매수한 매수지정자(및 그 승계인)가 재건축 결의 내용에 따른 재건축에 합의한 것으로 간주하고 있습니다.

따라서 이를 통해 재건축 결의에 찬성하거나 참여하기로 한 구분소유자들의 권리와 의무를 명확히 해서 소수의 반대로 인한 사업 지연 및 무산을 방지하고자 합니다. 즉, 재건축 사업에 대한 합의를 강제함으로써 재건축 추진의 안정성과 효율성을 높이고자 하는 것입니다.

최근 개정 동향

재건축 추진 과정에서 소수 반대자의 권리를 보호하는 동시에 원활한 재건축 추진을 위해 구분소유자들의 동의와 합의를 강제함으로써 재건축 과정에서의 갈등을 최소화하고 사업 추진의 효율성을 높이고자 하고 있습니다.

그에 따라 건축에 참여하지 않겠다고 회답한 구분소유자의 구분소유권과 대지사용권을 매수지정자가 시가로 매도할 수 있도록 해서 소수의 반대로 인한 사업 지연을 방지하고자 하고 있으며, 2023년 3월 개정을 통해 '휴양 콘도미니엄의 재건축 결의는 구분소유자의 3분의 2 이상 및 의결권의 3분의 2 이상의 결의에 따른다'라고 규정해 관련 재건축 사업의 추진을 과속화했습니다.

다시 한번 살펴봐야 하는 규정들

구분소유자의 의미

구분소유자란 구분소유권을 가진 사람을 뜻하며, 구분소유권이란 다음과 같습니다.

한 동의 건물 중 구조상 구분된 여러 개의 부분이 독립한 건물로서 사용될 수 있을 때 그 각 부분은 각각 소유권의 목적인 구분소유권이라 할 수 있고, 구분점포의 용도가 '건축법' 제2조 제2항 제7호의 판매시설 및 같은 항 제8호의 운수시설이면서 경계를 명확하게 알아볼 수 있는 표지를 바닥에 견고하게 설치했을 경우와 구분점포별로 부여된 건물번호표지를 견고하게 붙인 경우 이러한 건물부분(공용부분(共用部分)으로 된 것은 제외한다)을 목적으로 하는 소유권을 구분소유권이라고 정의하고 있습니다.

재건축 추진 중 구분소유자를 규정함에 있어 집합건축물대장에 등록되거나 구분건물로서 등기부에 등기되지 않았더라도 구분소유자로서의 지위를 갖추었다고 볼 수 있는데, 이러한 해석은 법률상 해석의 차이가 있을 수 있고, 재건축 과정에서 구성원들 간에 큰 갈등의 불씨가 되는 경우가 종종 있습니다.

이러한 이유로 구분소유자의 정의에 대해서 더 많은 고민과 법률의 개정이 필요한 실정입니다.

구분건물이 물리적으로 완성되기 전에도 건축 허가신청이나 분양 계약 등을 통해 장래 신축되는 건물을 구분건물로 하겠다는 구분의사가 객관적으로 표시되면 구분행위의 존재를 인정할 수 있고, 이후 한 동의 건물 및 그 구분행위에 상응하는 구분건물이 객관적·물리적으로 완성되면 아직 그 건물이 집합건축물대장에 등록되거나 구분건물로서 등기부에 등기되지 않았더라도 그 시점에서 구분소유가 성립합니다. 특히 일반건물로 등기된 기존의 건물이 구분건물로 변경등기되기 전이라도 위와 같은 요건들을 갖추면 구분소유권이 성립하기 때문이며 상가의 소유권이 구분소유적 공유관계에 있는지 살펴야 합니다.

의결권의 의미

집합건물법 제37조(의결권)에서 규정하는 각 구분소유자의 의결권은 '규약에 특별한 규정이 없으면 각 소유자가 가진 전유부분의 면적 비율의 지분비율에 따라야 하고, 전유부분을 여럿이 공유하는 경우에는 공유자는 관리단 집회에서 의결권을 행사할 1인을 정해야 한다'라고 정의하고 있습니다.

만약 관리단에서 적법한 절차를 거쳐 의결권에 대해 특별한 규정을 정할 수 있는데, 이러한 특별한 규정이 있는 경우는 특별한 규정을 우선 적용해야 합니다.

예 점포당 1개의 의결권을 부여하기로 한 경우

재건축 결의 시 매우 중요한 규정들

재건축 결의를 할 때는 집합건물법 제47조 제3항에 의거해 ① 새 건물의 설계 개요, ② 건물의 철거 및 새 건물의 건축에 드는 비용을 개략적으로 산정한 금액, ③ 제2호에 규정된 비용의 분담에 관한 사항, ④ 새 건물의 구분소유권 귀속에 관한 사항을 정해야 합니다. 재건축에 관한 기본 개요를 재건축 결의 당시에 정하도록 한 것은 구분소유자(토지등소유자)가 위 4가지 항목을 살펴보고 재건축 결의에 찬성할 것인지, 아닌지를 결정할 수 있기 때문입니다. 나아가 재건축 결의가 성립한 경우 구분소유자(토지등소유자)는 재건축결의의 내용에 따른 재건축에 합의한 것으로 인정되고 이후 이러한 중대한 사항이 구분소유자(토지등소유자)들의 동의 없이 변경되는 경우 재건축결의가 무효화되거나 상당한 분쟁에 휘말릴 수 있기 때문에 재건축 결의에서 정해진 위 4가지 사항은 중대한 의미를 갖는다고 할 수 있습니다.

① 새 건물의 설계 개요

새 건물을 어떠한 건물로 신축할 것인가 하는 새 건물의 설계 개요는 새 건물의 건축에 드는 비용을 개략적으로 산정하기 위한 기초 자료이고, 재건축에 참여할 것인지 여부를 결정하는 중대한 사안입니다. 건물 전체에 대한 것만이 아니라 각 층에 대해서도 기본적인 설계를 정해야 하고, 구체적으로는 새 건물의 한 동에 대해서는 용도, 구조, 재료, 층수, 건물 면적, 연면적, 각 층의 바닥면적 등을, 각 층에 대해서는 전유부분과 공용부분의 배치와 전유부분의 용도, 구조, 면적 등을 모두 정해야 합니다.

② 건물의 철거 및 새 건물의 건축에 드는 비용을 개략적으로 산정한 금액

건물의 철거와 새 건물의 신축을 재건축이라고 할 수 있습니다.

건물의 철거 및 새 건물의 건축에 소요되는 비용의 개산액은 재건축에 소요되는 비용의 개산액을 의미한다고 할 수 있는데, 재건축 결의에 있어서는 건물의 철거와 새 건물의 건축에 각각 어느 정도의 비용이 소요될 것인지를 명시하지 않더라도 재건축 전체에 어느 정도의 비용이 소요될 것인지를 명시하고 있다면, 구분소유자의 찬반의 결정상 특히 지장은 없다고 생각되므로 재건축 전체에 소요되는 비용의 개산액으로도 충분하다고 볼 수 있습니다.

재건축에 소요되는 비용의 개산액은 새 건물의 설계를 전제로 산출되는 것이지만 경제 사정의 변동에 의해 자재, 기타의 경비가 증감될 수 있으므로 재건축 결의에 있어서는 일정한 금액을 명시하는 방식 외에도 다시 재건축 결의를 하지 않아도 될 정도의 범위에서 상한과 하한을 설정하는 방식도 고려될 수 있습니다.

새 건물을 종전보다 고층화해서 증가된 전유부분을 일반 분양하는 것이 일반적인 재건축 방식으로 일반 분양대금을 재건축 비용에 충당해 재건축 결의에 참가한 구분소유자의 비용 분담을 줄이거나 수익을 배분할 수 있기 때문에 일반 분양대금까지 산입해서 실질적으로 재건축에 소요되는 전체 비용을 명시해야 합니다.

③ 제2호에 규정된 비용의 분담에 관한 사항

재건축 결의 단계에서 정한 비용 분담에 관한 사항은 재건축 결의 후에 재건축에 참가하는 구분소유자의 수가 증감될 여지가 있어 아직 확정할 수 없습니다. 즉, 재건축 결의에 동의하는 각 구분소유자가 확정된 경우를 전제로 하거나 비용의 분담이 증감할 여지가 상당하다고 할 수 있으므로 이 사항은 재건축 결의 과정에서 가장 중요한 비중을 차지하는 사항임에도 집합건물법은 이 사항에 대해 자세히 명시하고 있지 않고 있습니다.

관련 판례를 기준으로 실무적으로는 재건축에 소요되는 비용의 분담에 관한 사항을 정할 때 구체적인 사정에 따라 다양할 수밖에 없다는 점을 고려해서 재건축 결의에 동의한 경우, 비용의 개산액을 어떻게 분담하게 될 것인가라는 점이 분명할 정도로 분담액 또는 그 산출 기준을 정해두는 것이 중요하다고 할 수 있는데, 분담액이 정해지게 되므로 다시 비용 분담에 관한 합의를 하지 않아도 좋을 정도로 분담액 또는 그 산출 기준을 정해둬야 합니다. 이를 정하지 아니한 재건축 결의는 특별한 사정이 없는 한 무효가 되는 경우가 발생할 수 있습니다.

④ 새 건물의 구분소유권 귀속에 관한 사항

재건축 과정에서 새 건물의 구분소유권 귀속에 관한 사항은 매우 중요한 문제입니다. 이는 재건축이 진행되는 동안 참여하는 구분소유자가 확정되지 않기 때문에 이후에 누가 어떤 전유부분을 취득하게 될지를 명확히 규정하는 것이 필요합니다. 이러한 과정은 재건축의 계획 단계에서부터 시작되어야 하며, 관련 법령에서 구체적인 규정이 부족한 상황에서 적절한 기준과 방법을 마련하는 것이 필수적입니다.

첫째로, 새 건물의 규모와 구조가 기존 건물과 유사한 경우, 기존 건물의 전유부분에 대응하는 새 건물의 전유부분을 명확히 구분할 수 있습니다. 이는 기존 건물의 소유자들이 각자의 권리를 보다 쉽게 이해하고, 새 건물에서의 권리 귀속에 대한 혼란을 최소화할 수 있습니다. 그러나 기존 건물의 구조와 새 건물의 구조가 상이하거나, 전유부분의 면적이 변화하는 경우에는 이러한 명확한 대응이 어려워질 수 있습니다. 이럴 경우 새 건물의 각 전유부분의 취득자를 정하는 기준이나 방법을 미리 정해두는 것이 중요합니다.

둘째로, 재건축으로 인해 전유부분이 증가하는 경우, 그 증가분을 누가 먼저 취득할 것인지에 대한 명확한 합의가 필요합니다. 예를 들어 기존 건물의 구분소유자들이 전유부분의 증가분을 취득하기 위해서는 양도 가격을 어떻게 설정할 것인지, 그리고 일반 분양분의 양도대금 처분 방식에 대해서도 사전에 합의해야 합니다. 이러한 사항들은 재건축이 진행되는 동안의 갈등을 예방하고, 원활한 진행을 도울 수 있습니다.

셋째로, 재건축 과정에서 전유부분의 면적 비율이 변경되는 경우가 많기 때문에 대지 사용권의 지분 비율도 이에 따라 조정할 필요가 있습니다. 일반적으로 새 건물의 전유부분 면적 비율에 따라 대지 사용권의 지분 비율을 조정하는 것이 합리적입니다. 이는 대지 사용권의 공정한 분배를 보장하고, 각 소유자 간의 이해관계를 조율하는 데 중요한 역할을 합니다.

마지막으로, 이러한 모든 사항은 참가자 간의 합의로 정해져야 하며, 재건축이 실행될 때 다시 합의할 필요가 없도록 미리 정해두는 것이 바람직합니다. 이를 통해 재건축 과정에서 발생할 수 있는 법적 분쟁이나 소유권 갈등을 사전에 예방할 수 있으며, 모든 참여자가 각자의 권리와 의무를 명확히 이해하게 되어, 재건축 프로젝트의 원활한 진행을 도모할 수 있습니다.

이와 같이 새 건물의 구분소유권 귀속에 관한 사항은 재건축 과정에서의 중요한 요소로서 명확한 규정과 합의가 이뤄져야만 성공적인 재건축이 가능할 것입니다. 각 참여자는 이러한 사항에 대해 충분히 논의하고, 법적 기준을 참고해서 합리적인 결정을 내리는 것이 중요합니다.

끝으로, 재건축 계획 개요에서 형평성을 규정하는 것은 집합건물법 제47조 제4항에 의해 매우 중요한 요소로 자리 잡고 있습니다. 이 조항은 재건축 결의를 할 때, 특히 재건축 비용의 분담과 새 건물의 구분소유권 귀속에 관해 각 구분소유자들 간에 형평이 유지되도록 정해야 한다고 명시하고 있습니다. 이러한 규정의 취지는 구분소유자들 사이의 이해관계가 가장 첨예하게 대립할 수 있는 상황에서 특정 구분소유자를 불공정하게 대우하거나 유리하게 만드는 것을 방지하기 위한 것입니다.

재건축 과정에서 발생하는 비용 분담이나 새로운 건물의 소유권 귀속 문제는 구분소유자들 간의 이해관계에 직접적으로 영향을 미치기 때문에, 형평성이 결여될 경우 특정 집단이 과도한 부담을 지거나 불이익을 당할 수 있습니다. 이로 인해 재건축 결의가 다수결의 원리에 의해 이뤄져도 형평성이 결여된 결의는 정당성을 잃게 됩니다. 따라서 이러한 형평성의 원칙은 재건축의 합리성과 공정성을 확보하기 위한 필수적인 요소로 간주됩니다.

재건축 비용의 분담 및 새 건물의 구분소유권 귀속에 관한 사항에서 형평성이 결여되면, 그 결의의 효력에 대한 법리적 논의가 존재합니다. 일부 학설에서는 이를 효력 규정으로 보고, 형평성 원칙을 위반한 경우 무효 사유가 된다고 주장합니다. 반면, 훈시 규정으로 보는 견해도 있으며, 이는 법적 구속력이 없는 지침으로 간주합니다. 그러나 '5분의 4'라는 특별 다수의 결의 외에 형평성 유지 조항이 추가된 점을 감안할 때, 형평성을 결여한 결정은 재건축의 합리성을 담보하기 위한 목적에 부합하지 않으므로 무효 원인이 된다고 보는 것이 타당합니다.

결국, 형평성의 원칙은 재건축 과정에서 모든 구분소유자가 공정하게 대우받고, 이해관계가 조화롭게 조정될 수 있도록 하는 중요한 규범으로 작용합니다. 이는 재건축이 단순한 물리적 구조물의 변화에 그치지 않고, 사회적 합의를 통해 이뤄지는 복합적인 과정임을 반영합니다. 그러므로 형평성을 확보하는 것은 재건축의 성공적인 추진과 지속 가능한 공동체 형성을 위한 필수적인 조건이라고 할 수 있습니다.

【판결요지】

[1] 재건축 결의에 따라 설립된 재건축 조합은 민법상의 비법인 사단에 해당하므로 그 구성원의 의사의 합의는 총회의 결의에 의할 수밖에 없다고 할 것이나, 다만 집합건물법 제49조에 의해 의제된 합의 내용인 재건축 결의의 내용을 변경함에 있어서는 그것이 구성원 조합원의 이해관계에 미치는 영향에 비추어 재건축 결의 시의 의결정족수를 규정한 같은 법 제47조 제2항을 유추 적용하여 조합원 5분의 4 이상의 결의가 필요하다고 할 것이다.

(대법원 2005. 4. 21. 선고 2003다4969 전원합의체 판결 [총회결의무효확인])

【판결요지】

서울행법 2010. 6. 10. 선고 2010구합6526 판결

아파트 재건축 정비사업조합이 재건축 결의를 한 후, 정부의 부동산 정책의 변화 등
에 따라 종전 재건축 결의와 달리 건축물의 설계 개요 등을 변경하는 내용의 '사업 추
진 및 사업시행 인가에 관한 안건'을 조합 총회에 상정하여 재적 조합원 57.22%의
찬성으로 그 안건에 관한 결의를 하고 사업시행계획 인가를 신청하여 구청장으로부
터 사업시행 인가를 받은 사안에서, 위 결의는 종전 재건축 결의 사항 중 조합원 분담
금 변경의 당연한 전제가 되는 '건축물의 설계 개요' 등을 본질적으로 변경하는 것으
로 이를 위해서는 구도시 및 주거환경정비법(2007. 12. 21. 법률 제8785호로 개정되기 전의
것) 제16조 제2항에서 정한 특별 결의를 거쳐야 함에도 조합원 57.22%의 동의만을
얻어 특별 결의에 필요한 의결정족수를 충족하지 못하였으므로, 이러한 하자는 법규
의 중요한 부분을 위반한 중대한 것이고, 객관적으로도 명백한 것이어서 위 결의에
기초하여 수립된 사업시행계획은 무효라고 한 사례

(서울행정법원 2010. 6. 10. 선고 2010구합6526 판결 : 항소 [사업시행계획승인결의무효확인])

7

연합(통합)재건축?

　연합재건축은 동일 지역 내 여러 아파트 단지나 건물이 함께 재건축을 추진하는 협력적 방식으로, 인접 건물에 대한 민원 해소와 관련해서 여러 장점이 있습니다. 첫째, 연합재건축은 통합적인 개발 계획을 통해 인접 건물과의 조화를 고려한 설계를 가능하게 합니다. 이는 건축물의 높이, 디자인 및 배치에 대한 구분소유자들의 의견을 수렴해 기존 구분소유자들의 불만을 사전에 예방할 수 있습니다. 이러한 과정에서 구분소유자 간의 갈등이 줄어들고, 협력적인 분위기가 조성됩니다.

　둘째, 연합재건축은 기반시설의 효율적 개선을 통해 인접 건물 구분소유자들에게도 혜택을 제공합니다. 여러 단지가 함께 부지를 재건축하면서 도로, 공원, 주차장 등의 공공시설이 통합적으로 확충되고 개선됩니다. 이러한 시설들은 인접 건물의 구분소유자들이 공유할 수 있는 자원이 되어, 생활 편의성을 높이고 지역 공동체를 활성화하는 데 기여합니다.

셋째, 연합재건축은 환경적인 측면에서도 긍정적인 영향을 미칩니다. 지속 가능한 개발을 지향해 에너지 효율이 높은 건축물과 친환경적인 기반시설을 설계할 수 있는 기회를 제공합니다. 이는 인접 건물 구분소유자들에게도 환경 개선의 혜택을 가져다 주며, 지역 전체의 삶의 질을 향상시키는 데 기여합니다.

넷째, 구분소유자 간의 소통과 협력을 통해 공동체 의식을 강화하는 데에도 중요한 역할을 합니다. 재건축 과정에서 구분소유자들이 함께 의견을 나누고 결정하는 과정에서 유대감이 형성되며, 이는 향후 다양한 구분소유자 자치 활동으로 이어질 수 있습니다. 이렇게 형성된 공동체 의식은 지역 내의 다양한 사회적 활동을 촉진하고, 구분소유자들의 삶의 질을 향상시키는 데 기여합니다.

마지막으로, 연합재건축은 건설 경기 활성화에도 긍정적인 영향을 미칩니다. 대규모 재건축 사업을 통해 건설 투자와 일자리가 창출되며, 이는 지역 경제에 활력을 불어넣습니다. 이러한 경제적 효과는 부동산 거래와 건설 활동의 증가로 이어져, 지방자치단체의 세수 증대에도 기여합니다.

종합적으로, 연합재건축은 인접 건물에 대한 민원 해소뿐만 아니라, 구분소유자 간의 협력과 상생을 통해 다양한 사회적·경제적·환경적 혜택을 가져올 수 있는 중요한 접근 방식입니다. 이러한 장점들은 지역 사회의 지속 가능한 발전을 도모하며, 구분소유자들의 삶의 질을 향상시키는 데 기여할 것입니다. 따라서 연합재건축은 보다 적극적으로 추진되어야 할 필요가 있습니다.

PART 02

우리도
재건축합시다

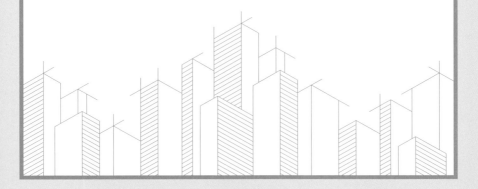

1
재건축의 시작

　지금부터는 상가 재건축의 전반적인 과정과 다양한 방식을 살펴보고자 합니다. 먼저 재건축 사전 준비의 중요성, 재건축 결의와 관리처분 총회의 중요성 등 재건축 사전 준비 단계에 대해 논의하겠습니다. 이어서 상가 별도 재건축, 재건축 위원회 단독 시행, 시행사 선정 및 현물출자, 시행사 매각 방식, 재건축 위원회와 시행사의 공동 시행 등 다양한 재건축 방식을 소개하겠습니다. 마지막으로 연합재건축의 장점과 추진 절차에 대해 살펴볼 것입니다. 이를 통해 성공적인 상가 재건축을 위한 종합적인 방안을 제시하고자 합니다.

재건축 사전 준비의 중요성

　재건축을 시작하는 적절한 시점은 단지 노후화 정도와 주변 환경 변화 등을 종합적으로 고려해서 결정해야 합니다. 일반적으로 건축 후 20년 이상 경과한 단지들이 재건축 대상이 되지만, 개별 단지의 특성에 따라 그 시기가 달라질 수 있습니다. 건물의 구조적 안전성, 시설 노후화 정도, 주거 환경의 질적 저하 등을 면밀히 검토해서 적정한 재건축 시기를 판단해야 합니다.

재건축을 추진하다 보면 임차인과의 명도 분쟁이 발생할 수 있습니다. 이를 사전에 방지하기 위해서는 임차인들과의 충분한 협의와 양측의 이해관계를 조율하는 것이 중요합니다. 특히 건물 소유주와 세입자 간의 갈등을 최소화하기 위해 재건축 이전에 임대차 계약서에 재건축 예정 시기와 재건축이 진행될 때 임차인의 계약갱신권 등이 보장되지 않는다는 특약을 기재해야 합니다. 이를 통해 재건축 과정에서 발생할 수 있는 분쟁을 사전에 예방할 수 있습니다.

재건축 결의와 관리처분총회 역시 재건축 성공을 위한 핵심 절차입니다. 먼저 전체 구분소유자 및 의결권의 5분의 4 이상의 동의를 얻어 재건축 결의를 해야 합니다. 이후에는 관리처분계획을 수립하고 이에 대한 총회를 개최해서 재건축 위원회의 규약에 따른 승인을 받아야 합니다. 관리처분총회에서는 재건축 사업비, 분양 방식, 기존 주택의 보상 기준 등 중요한 사항들이 결정되므로 구분소유자 등의 충분한 의견 수렴과 합의 도출이 필수적입니다.

이와 같이 재건축 사전 준비 단계에서는 시기 선정, 임차인 대응, 구분소유자 동의 및 승인 절차 등을 체계적으로 관리해야 합니다. 이를 통해 향후 재건축 과정에서 발생할 수 있는 문제들을 사전에 해결하고 순조로운 사업 진행을 도모할 수 있습니다.

아파트 상가, 단독 재건축

노후 아파트의 재건축 사업을 추진할 때, 상가를 포함해서 진행하는 것이 일반적입니다. 상가의 대지가 재건축 사업에 편입되면 사업의 수익성을 높일 수 있기 때문에 상가를 제외할 이유가 없습니다. 최근 아파트 가격이 상승함에 따라 상가를 투자 대상으로 고려하는 경우도 늘어나고 있습니다. 특히, 상가의 가치가 신축 아파트 가격보다 높은 경우, 상가를 통해 신축 아파트를 받을 수 있는 가능성이 생기기 때문입니다.

일부 조합에서는 상가 소유자들이 신축 아파트 분양을 받을 수 있도록 가치 산정 비율을 조정하기도 합니다. 그러나 상가 소유자들은 아파트 소유자들에 비해 불리한 상황에 놓이기 쉽고, 아파트를 받기 위한 투자에는 확실성이 보장되지 않아 위험할 수 있습니다. 특히, 오랜 기간 소유한 상가가 있는 경우 재건축이 반갑지 않을 수 있습니다. 상가는 주거용이 아닌 운영을 목적으로 하기 때문에 재건축 사업이 진행될 경우 세입자를 받지 못하거나 영업 손실이 발생할 수 있습니다.

상가 소유자들은 영업 보상이 법적으로 인정되지 않기 때문에 재건축 사업에 대해 긍정적인 입장을 갖기가 어렵습니다. 신축 상가를 소유하게 되더라도 그 배분 방식이 확정적이지 않아 아파트 소유자들에 비해 동의율이 낮은 경우가 많습니다. 이로 인해 상가 소유자들이 재건축 사업에 반대하거나 동의하지 않아 재건축 사업이 진행되기 어려운 경우가 발생합니다.

아파트와 함께 재건축이 진행될 경우, 아파트 소유자들이 압도적으로 많은 조합원으로 사업을 주도하기 때문에 상가 조합원의 이해관계와 충돌할 여지가 큽니다. 상가 조합원들이 아무리 뜻을 합해도 도시 및 주거 환경 정비법상 의결 정족수에 미치지 못하는 경우가 많아 아파트 조합원들이 결정권을 갖기 쉬운 상황입니다. 사업의 수익성을 좌우하는 요소는 공사비와 일반 분양 수익이며, 상가 분양보다는 아파트 분양이 훨씬 많기 때문에 사업 절차는 주로 아파트 분양에 초점을 맞추게 됩니다.

상가는 분양 기준이 다양하고 각 소유자별로 원하는 바가 다르기 때문에 의견을 합치기 어렵습니다. 이로 인해 상가 분양은 아파트 분양보다 늦게 진행되며, 기준이 법적으로 정해져 있지 않아 사업 시행자 입장에서 조율하기 어려운 상황이 발생할 수 있습니다. 사업 단계마다 다양한 갈등이 발생할 수 있으며, 상가 소유자들이 사업을 별도로 진행하고자 하는 경우도 있습니다. 아파트 소유자들과의 갈등이 심화될 경우, 아파트만 별도로 재건축하는 사례도 종종 발생합니다.

상가가 단독으로 재건축을 하게 될 경우, 도시 및 주거 환경 정비법(도시정비법)이 아닌 집합건물법과 건축법 등에 따라 진행되기 때문에 요건이 완화되어 사업이 더 빠르게 진행될 수 있습니다. 그러나 상가만 단독으로 재건축을 원하더라도 아파트 조합원들과 협의해나가야 할 일들이 많아 쉽지 않을 수 있습니다. 도시정비법에 의해 아파트 재건축이 진행되는 과정에서 상가소유자들이 상가의 분리 재건축을 단독으로 결정할 수 없으며, 사업 시행자나 추진위원회가 판단의 주체가 되어야 합니다. 따라서 자발적으로 소송을 제기하는 것이 어렵고, 법원에 토지 분할 소송을 하려면 협의 등의 절차를 거쳐야 하므로 간단하지 않습니다.

이처럼 상가가 아파트 재건축에 당연히 부속되지 않는 상황에서는 상가 소유자들의 의사가 일치하더라도 아파트 조합원들과의 의견이 다를 수 있습니다. 이에 따라 다양한 개발 방법을 모색하고 전문가의 조언을 받아 가장 이익이 되는 방법을 종합적으로 검토할 필요가 있습니다.

분명한 것은 아파트 단지 내 상가는 아파트 본 건물과 구조와 용도가 다르기 때문에 상가 부분만 선별적으로 재건축할 수 있는 방식이 가능하다는 것입니다. 집합건물법 제47조에 따라 상가 구분소유자의 4/5 이상 및 의결권의 4/5 이상의 찬성을 통한 재건축 결의를 완성하고, 이후 통상적인 집합건물법 재건축 절차에 의해 추진할 수 있습니다.

최근 대법원 판결에 따르면, 상가 조합원이 아파트 재건축 시 입주권을 얻기 위해서는 아파트 조합원 100%의 동의가 필요하다고 합니다. 과거에는 합의에 따라 상가 조합원이 입주권을 가질 수 있었으나, 이제는 모든 아파트 조합원의 동의가 필수입니다. 이로 인해 상가 조합원들이 입주권을 노리고 투자했던 경우, 그 가능성이 줄어들었습니다.

결국 재건축을 추진하는 입장에서는 이러한 판결을 고려해서 신중하게 접근해야 합니다. 상가 조합원과 아파트 조합원 간의 갈등 해결 방안을 모색하고 협력 체계를 구축하는 것이 중요합니다. 이 판결은 향후 재건축 프로젝트에 큰 영향을 미칠 것으로 예상됩니다.

상가 쪼개기는 재건축 사업에서 상가 소유자들이 주택 입주권을 획득하거나 협상력을 높이기 위해 조합원 수를 늘리는 행위입니다. 최근 상가 소유자들이 무리하게 상가를 쪼개는 사례가 증가하고 있으며, 이는 관련 법안의 허점을 드러내는 문제입니다. 도시정비법에 따르면, 재건축 사업의 관리처분 방법으로 상가 소유자에게 상가를 공급하도록 규정하고 있지만, 예외적으로 주택을 공급할 수 있도록 하고 있습니다. 그러나 이 법을 이용해서 상가 소유자들이 주택을 분양받기 위한 산정 비율 조정이 빈번하게 발생하고 있습니다. 이로 인해 상가 협의회 내에서 과도한 요구가 발생하고 갈등이 심화되고 있습니다.

정부는 도시정비법을 개정해 상가 쪼개기를 제한했으나, 노후 계획 도시정비사업에는 적용되지 않아 비판받고 있습니다. 일부 전문가들은 상가 쪼개기 문제를 해결하기 위해 부당한 개발 이익을 차단하고 조합원 분양가를 시세 대비 할인해서 공급하는 것을 중단해야 한다고도 주장하고 있습니다.

결론적으로, 상가 쪼개기 문제는 재건축 사업의 복잡성을 더욱 심화시키고 있으며, 이를 해결하기 위해서는 법적 제도와 정책적 접근이 필요합니다.

일반 상가 재건축

일반상가 재건축은 집합건물법에 따라 진행되는 중요한 과정으로, 이 과정은 단순한 건물의 재건축을 넘어 지역 경제와 구분소유자 생활에 큰 영향을 미칩니다. 재건축은 기존 건물의 노후화 문제를 해결하고, 새로운 상업 공간과 주거 환경을 창출함으로써 지역의 가치를 높이는 중요한 역할을 합니다.

재건축을 추진하기 위해서는 먼저 기존 건물의 상태를 평가하고, 재건축 결의가 이뤄져야 합니다. 이 과정에서는 건물의 구조적 안전성, 유지보수 비용, 그리고 지역 상권의 변화 등을 종합적으로 고려해야 합니다. 재건축 결의가 이뤄지면, 사업 추진이 빠르게 진행될 수 있는 여건이 마련됩니다. 하지만 상가가 위치한 지역은 시간이 지남에 따라 상권이 변화할 수 있기 때문에, 보다 철저한 상권 분석이 필수적입니다. 상권 분석을 통해 현재의 시장 상황과 미래의 가능성을 파악하고, 이러한 데이터를 기반으로 한 전략적 판단이 요구됩니다.

재건축 과정에서 가장 중요한 고민 중 하나는 기존 건물을 철거한 후, 그 자리에 어떤 새로운 건물을 지을 것인가입니다. 이 결정은 재건축의 성공에 큰 영향을 미치기 때문에 신중하게 고려해야 합니다. 예를 들어, 주상복합아파트, 쇼핑몰, 오피스빌딩, 오피스텔 등 다양한 건축물의 가능성을 염두에 두고 계획을 세워야 합니다. 이러한 선택은 지역의 수요와 트렌드에 맞춰서 이뤄져야 하며, 이를 통해 상업적 가치와 구분소유자들의 생활 편의성을 동시에 높일 수 있습니다.

또한, 집합건물법에 따른 재건축에서는 기존 토지를 새로운 건물의 부지로 사용하는 것이 핵심입니다. 이 법에 따르면 기존 건물들은 철거되며, 그 자리에 새로운 건축물이 세워지게 됩니다. 이 과정에서 중요한 것은 기존 건물의 구조와 상태를 평가하고, 이를 바탕으로 어떤 형태의 건물이 가장 적합한지를 결정하는 것입니다. 예를 들어, 주변 상권이 활성화되어 있다면 상업시설을 중심으로 한 건축이 유리할 수 있으며, 주거 수요가 높은 지역에서는 주상복합 형태의 건축이 더 적합할 수 있습니다.

재건축 과정에서는 지역 구분소유자와의 소통도 매우 중요합니다. 구분소유자들의 의견을 반영해서 건축 계획을 수립하는 것은 구분소유자의 삶의 질을 높이는 데 기여할 뿐만 아니라, 재건축 사업에 대한 지지를 얻는 데에도 큰 도움이 됩니다. 구분소유자들이 원하는 시설이나 서비스, 그리고 건물의 디자인에 대한 피드백을 적극적으로 반영함으로써 지역 사회와의 조화를 이룰 수 있습니다.

결론적으로, 일반상가 재건축은 단순히 건물을 새로 짓는 것이 아니라, 지역의 특성과 시장의 변화를 반영해서 최적의 건축물을 설계하는 과정입니다. 이를 위해서는 충분한 조사와 분석, 그리고 지역 구분소유자와의 소통이 필요합니다. 이러한 모든 과정을 통해 재건축이 성공적으로 이뤄질 수 있으며, 이는 궁극적으로 지역 경제와 구분소유자들의 삶의 질 향상에 기여하게 됩니다. 재건축은 단순한 건물의 교체가 아니라, 지역의 미래를 설계하는 중요한 사업이라는 점을 항상 염두에 두어야 합니다.

오피스텔 재건축

　오피스텔 재건축은 다양한 사회적, 경제적 요인으로 인해 여러 어려움을 겪고 있는 분야입니다. 특히, 도시의 고밀도 개발과 관련된 규제, 지역 구분소유자들의 반대, 재정적인 부담 등이 주요한 장애물로 작용합니다. 오피스텔 재건축이 흔치 않은 이유는 아파트나 빌라는 1970년 대부터 신축되기 시작했지만, 오피스텔은 1980년대 중반부터 신축되기 시작해서 아직 노후화된 곳이 많지 않기 때문입니다. 또한, 아파트에 비해 각 구분소유권에 대한 대지 지분율이 적고, 기존 건물의 용적률보다 재건축 시 용적률이 더 높아져야 사업성이 나오는데 현실은 그렇지 못한 경우가 많습니다. 기존 아파트들의 입지는 우수한 편이지만, 예전의 오피스텔들은 아파트에 비해 입지가 떨어지는 경우가 많아 재건축의 프리미엄이 적게 형성되는 경향이 있습니다.

출처 : 한화건설 홈페이지

현재 오피스텔이나 주상복합에서 거주하는 분들이 있다면, 그 건물들은 2000년대 이후에 지어졌을 가능성이 높습니다. 아직까지는 대부분의 주상복합이나 오피스텔들이 건축 연한이 얼마 되지 않아 거주하는 데 불편함이 없겠지만, 앞으로 10년, 20년이 지나면 미래의 주거 공간 트렌드에 맞지 않거나 구식이 될 확률이 매우 높습니다. 최근 아파트 재건축 열풍처럼, 향후 10~20년 뒤에는 주상복합이나 오피스텔의 재건축, 리모델링에 대한 니즈가 점차적으로 늘어날 가능성이 있다고 봅니다.

부동산에 관심이 있는 분들은 아파트 재건축, 단독주택, 다세대주택 재개발 등은 많이 접해보셨겠지만, 오피스텔이나 주상복합 아파트의 재건축, 리모델링 사업에 대해서는 들어보신 일이 거의 없을 것입니다. 주상복합 오피스텔들은 나중에 어떻게 될까요? 계속 노후화되다가 일본의 '0'원짜리 주택처럼 가치가 없어지게 될까요? 다음 글을 통해 이 질문에 대한 해답을 찾을 수 있도록 도와드리겠습니다.

우선, 오피스텔과 주상복합 아파트의 기본적인 특징에 대해 알아보겠습니다. 보통 주상복합과 오피스텔들은 지하철역 인근의 상업지역에 고층 업무용 및 상업용 건물들과 함께 지어져 있습니다. 층수가 대부분 고층이다 보니 주거지역에 위치한 아파트, 단독주택, 빌라에 비해 오피스텔이나 주상복합 건물이 밑에 깔고 있는 대지 지분이 적습니다. 결과적으로 토지 동일면적 대비 소유자들의 숫자가 많아집니다. 재건축 사업에서 가장 중요한 조건인 소유주들의 동의율 확보와 사업성이 낮다는 점이 주상복합 오피스텔의 공통된 특징입니다.

주상복합 오피스텔의 경우, '집합건물의 소유 및 관리에 관한 법률'을 적용받으므로 소유자 80%의 동의를 받아야 재건축 사업을 진행할 수 있습니다. 이는 일반 아파트나 빌라, 단독주택에서 사업을 진행하는 것보다 더 높은 동의율이 요구됩니다. 사실 2021년 이전에는 상가와 오피스텔의 경우 소유주들에 대해 100%의 동의가 필요했습니다. 100% 동의율 요구는 여러 폐해를 초래했기 때문에 정부는 개정안을 통해 동의율 조건을 완화했습니다. 동의율 100%를 요구한다면 주상복합 오피스텔을 소유한 대다수의 사람들이 재건축 사업을 진행하고 싶어도 소수의 반대자들 때문에 사업 자체가 시작될 수 없는 상황이 발생합니다. 이로 인해 상가 건물이나 빌딩 신축 현장에서는 세입자들이나 소수 지분을 갖고 있는 소유자들이 '알 박기'를 통해 버티다가 비싼 가격에 매도하고 나가는 폐해도 발생하고 있습니다.

　재건축 사업이나 리모델링을 하려면 공사비와 건축 비용이 발생합니다. 일반 아파트 재건축 사업에서는 기존 아파트 세대수에서 추가로 세대수를 늘려서 일반 분양분을 늘려 사업 비용을 충당하는 방식으로 진행됩니다. 그러나 주상복합이나 오피스텔의 경우 대부분 용적률을 꽉 채워서 지어놓은 경우가 많아 세대수를 늘리지 못할 확률이 높습니다. 이 경우 개발 주체인 소유자들이나 조합에서 모든 비용을 부담해야 하며, 건설 비용은 세대당 수억 원 이상으로 발생하기 때문에 현실적으로 시세 차익이 발생하기 어려운 주상복합과 오피스텔의 경우 재건축이나 리모델링 사업을 추진하기가 힘든 것이 현실입니다.

　그럼에도 불구하고 국내 최초의 오피스텔 재건축 성공 사례가 있습니다.

바로 '아크로텔강남역'입니다.

'아크로텔강남역'은 2016년에 준공된 오피스텔로, 기존 1988년에 준공된 현대골든텔 179가구 규모를 470가구 규모로 재건축한 사례입니다. 재건축이 가능했던 이유는 강남역 역세권에 위치해 입지 여건이 뛰어나고, 현대골든텔이 낮은 용적률인 500%로 지어졌기 때문에 재건축을 통해 용적률을 930%까지 높여 일반 분양분을 증가시킴으로써 추가 분담금을 줄이며 사업성을 높일 수 있었습니다.

이 사례는 주상복합과 오피스텔도 사업성만 충분히 나온다면 재건축이나 리모델링 사업이 가능하다는 것을 보여줍니다. 재건축, 리모델링 사업 추진 가능성은 결국 '사업성'이 중요합니다. 아파트도 용적률이 너무 높아 사업성이 나오지 않으면 재건축 추진이 불가능하며, 오피스텔과 주상복합도 용적률이 많이 남고 세대당 대지 지분이 높으며 입지가 좋다면 재건축이나 리모델링 사업이 가능할 수 있습니다.

따라서 주상복합 오피스텔의 미래를 예측할 때는 그 건물이 어떤 용도지역에 위치해 있는지, 현재 용적률이 얼마나 되는지, 소유자의 숫자가 얼마나 많은지를 통해 판단하는 것이 좋습니다. 추가적으로, 주상복합 오피스텔의 평수가 대형 평형 위주인지, 소형 평형 위주인지에 따라서도 사업성이 달라질 수 있습니다. 대형 평형 위주라면 중소형 평수로 쪼개서 세대수를 늘리는 방법도 있습니다. 마지막으로, 일반 분양을 하더라도 거주 수요가 충분해서 미분양 리스크가 크지 않은 곳, 입지가 좋다는 확신을 가질 수 있는 곳이라면 재건축이나 리모델링 가능성이 충분히 있다고 볼 수 있습니다.

결론적으로, 오피스텔 재건축이 가능하다는 것은 입지 여건과 용적률, 소유자의 수에 따라 달라질 수 있으며, 성공적인 재건축 사례들이 존재하는 만큼 충분한 사업성이 확보된다면 재건축이 이뤄질 수 있습니다.

또한 최근 리버 사이드 호텔의 사례는 이러한 어려움 속에서도 성공적인 재건축이 가능하다는 것을 보여주며, 앞으로 오피스텔 재건축에 주목할 필요성을 강조합니다.

리버 사이드 호텔은 1981년에 강남에서 첫 특급호텔로 개장했으며, 당시 '물나이트 클럽'으로 유명세를 떨쳤습니다. 이 클럽은 1980~1990년대 강남의 대표 클럽으로, 많은 유명 인사들이 공연을 하기도 했습니다.

최근 서울시는 제18차 도시건축공동위원회에서 리버 사이드 호텔 부지의 지구단위계획구역 지정 및 특별계획구역 세부개발계획을 수정 가결했습니다. 이 부지는 현재 2층 지하 및 13층 규모에서 47층 높이의 호텔과 오피스텔로 재탄생할 예정입니다. 이는 단순한 건물의 재건축을 넘어 지역 경제에 긍정적인 영향을 미칠 것으로 기대됩니다.

리버 사이드 호텔은 1990년대 이후 여러 차례 주인이 바뀌었고, 현재는 가우플랜이 소유하고 있습니다. 가우플랜은 호텔 재건축 사업을 주도하며, 최대 1023%의 용적률을 높일 수 있는 기회를 제공받았습니다. 서울시는 '관광 서울 활성화 인센티브'를 도입함으로써 혁신적인 건축 디자인과 친환경 인증 등을 통해 이러한 용적률 인센티브를 활용하도록 유도하고 있습니다.

재건축 설계는 2024년 서울시 건축상 대상을 수상한 UIA의 위진복 건축가가 맡고 있으며, 저층부에 녹지 공간을 조성하고, 고층부에는 관광 숙박시설과 오피스텔을 배치하는 계획을 세우고 있습니다. 이러한 디자인 접근은 현대적인 건축 미학을 추구하면서도 지역 구분소유자들과의 조화를 이루려는 노력의 일환입니다. 공공 기여 계획으로는 약 1,492억 원 규모의 공공시설 설치와 설치 비용 제공이 포함되며, 지역 구분소유자를 위한 경로당 신축과 교통 개선을 위한 다양한 시설도 마련될 예정입니다.

이러한 사례는 오피스텔 재건축이 단순한 건축 행위를 넘어, 지역 사회와의 상생을 추구할 수 있는 중요한 분야임을 시사합니다. 그러나 여전히 오피스텔 재건축은 여러 어려움에 직면해 있습니다. 예를 들어, 지역 구분소유자의 반대, 재정적 부담, 법적 규제 등이 주요 장애물로 작용하고 있습니다. 특히, 재개발 및 재건축지역에서의 갈등은 종종 사회적 문제로 비화하기도 합니다.

오른쪽 사진의 리버 사이드 호텔이 왼쪽 처럼 재건축됩니다.

출처 : 서울시청 홈페이지

소규모 공동주택 재건축

소규모 공동주택 재건축 현황 및 법적 배경
소규모 공동주택의 재건축은 최근 주거 환경 개선을 위한 중요한 대안으로 떠오르고 있습니다. 특히, 집합건물법을 기반으로 한 재건축 사업이 활발히 진행됨에 따라, 구분소유자들에게 보다 넓고 쾌적한 주거 공간을 제공하는 기회가 증가하고 있습니다. 전국적으로 노후 빌라의 재건축 사업이 활성화되고 있으며, 이는 구분소유자들의 생활 수준을 향상시키는 데 기여하고 있습니다.

재건축의 기본 구조는 기존 주택 소유자들에게 더 큰 평수의 새 집을 제공하고, 재건축 과정에서 발생하는 잉여 주택을 일반 분양함으로써 사업비를 충당하는 방식입니다. 이러한 모델은 구분소유자들에게 경제적 이점을 제공하는 동시에 재건축을 통한 주거 환경 개선을 도모합니다.

노후 주택의 문제점

그러나 노후 빌라에 거주하는 구분소유자들은 여러 가지 열악한 주거 환경 문제로 고통받고 있습니다. 누수, 곰팡이, 방음 문제 등은 이들이 일상생활에서 겪는 어려움의 일부분에 불과합니다. 많은 구분소유자들은 새집에서의 삶을 간절히 원하고 있지만, 다양한 요인들로 인해 재건축을 추진하거나 그 과정이 지연되는 경우가 많습니다.

특히 2021년 8월 10일 이전에는 한 세대의 반대만으로도 재건축이 사실상 불가능한 경우가 많았습니다. 그러나 이후 건축법 개정으로 20세대 미만의 노후 빌라와 같은 공동주택의 경우, 80%의 동의만으로도 건축 허가가 가능해졌습니다. 또한, 반대하는 일부 구분소유자들에 대해서는 지분 매도 청구를 통해 문제를 해결할 수 있는 길이 열렸습니다. 이러한 변화는 소규모 공동주택의 재건축을 활발하게 추진할 수 있는 기반을 마련해주었습니다.

부동산 투자자의 관점

부동산 투자자들에게도 노후 빌라에 대한 투자는 매력적인 기회가 될 수 있습니다. 대지 지분이 상당한 노후 빌라에 투자해서 재건축을 통해 수익을 창출하는 것은 매우 바람직한 전략입니다. 특히 저렴한 반지하를 매수해 내 집 마련의 꿈을 이루고자 하는 이들에게도 큰 도움이 될 수 있습니다.

결론

결국, 소규모 공동주택의 재건축은 구분소유자들의 삶의 질을 향상시키는 중요한 수단입니다. 과거에는 소수의 소유자들 때문에 재건축이 어려워지는 경우가 많았으나, 이제는 집합건물법을 활용해서 보다 많은 구분소유자들이 혜택을 누릴 수 있는 방향으로 나아가고 있습니다. 앞으로 이러한 법적 기반을 통해 재건축이 활성화되고, 구분소유자들의 주거 환경이 개선되며, 내 집 마련의 꿈이 실현되기를 기대합니다.

2
재건축의 다양한 방법

재건축 위원회 단독 시행

재건축 위원회 단독 시행 방식은 구분소유자들로 구성된 재건축 위원회가 재건축 사업을 직접 추진하는 방식입니다. 이 방식의 가장 큰 장점은 시행사 선정 과정을 거치지 않아 재건축 사업의 투명성과 효율성을 높일 수 있다는 것입니다. 또한 재건축 위원회가 직접 사업을 주도하기 때문에 구분소유자의 의견을 보다 충실하게 반영할 수 있습니다.

재건축 위원회 단독 시행 방식의 절차는 다음과 같습니다. 먼저 전체 구분소유자 5분의 4 이상의 동의를 얻어 재건축 결의를 진행합니다. 그 다음 재건축 위원회를 구성하고 전문가들의 자문을 받아 재건축 사업 계획을 수립합니다. 이후 관리처분계획을 수립하고 관리처분총회를 개최해 구분소유자들의 승인을 받습니다. 마지막으로 행정 절차를 거쳐 건축 허가를 받아 본격적인 공사에 착수하게 됩니다.

이러한 재건축 위원회 단독 시행 방식의 장점은 다음과 같습니다. 첫째, 시행사 선정 과정이 생략되어 사업 추진 기간을 단축할 수 있습니다. 둘째, 구분소유자들이 직접 사업을 주도하므로 의사 결정의 투명성과 효율성이 높습니다. 셋째, 구분소유자들의 의견이 보다 충실히 반영되어 주거 환경 개선에 대한 만족도가 높아질 수 있습니다.

그러나 단점도 존재합니다. 재건축 사업에 필요한 전문성과 자금 조달 능력이 부족할 수 있으며, 사업 진행 과정에서 구분소유자 간의 갈등이 발생할 가능성이 있습니다. 또한 행정 절차와 인허가 과정에서 어려움을 겪을 수 있습니다.

따라서 재건축 위원회 단독 시행 방식을 선택할 때는 이러한 장단점을 면밀히 검토하고, 전문가들의 자문을 충분히 구해 사업을 체계적으로 추진할 필요가 있습니다. 또한 구분소유자들의 적극적인 참여와 협조를 이끌어내는 것이 매우 중요할 것입니다.

재건축 위원회와 시행사의 공동 시행

재건축 위원회와 전문 시행사의 공동 시행 방식은 구분소유자들의 의견을 반영하면서도 사업 추진의 전문성과 효율성을 확보할 수 있는 방법입니다. 이 방식에서는 재건축 위원회와 시행사가 협력해서 사업을 진행하게 됩니다.

먼저 재건축 위원회가 주도적으로 사업 계획을 수립하고 구분소유자들의 의견을 수렴합니다. 이후 시행사를 선정해서 사업 추진에 필요한 전문성과 재무 능력을 확보합니다. 시행사는 재건축 위원회와 긴밀히 협력하며 사업을 실제로 진행하게 됩니다.

이 방식의 장점은 첫째, 구분소유자들의 의견이 사업 계획에 충실히 반영될 수 있습니다. 재건축 위원회가 주도적으로 사업을 기획하므로 구분소유자들의 요구사항을 적극 반영할 수 있습니다. 둘째, 시행사의 전문성과 노하우를 활용할 수 있습니다. 시행사가 사업 추진 과정에서 중요한 역할을 담당하므로 전문적인 사업 관리가 가능합니다. 셋째, 구분소유자와 시행사 간의 협력을 통해 사업의 안정성과 효율성을 높일 수 있습니다. 넷째, 구분소유자들이 보유한 상가 지분을 현물로 출자해서 재건축 사업에 참여하고, 시행사는 건축 허가 후 PF금융대출 발생까지의 재건축 사업비를 조달하는 방식입니다. 이를 통해 구분소유자들의 재정적 부담을 줄일 수 있습니다. 현물출자 시 기존 구분소유권의 가치를 평가해 그에 상응하는 지분을 새 건물에서 배분받게 됩니다. 이러한 현물출자 방식은 구분소유자들의 재건축 참여도를 높이고 사업의 원활한 진행을 도모할 수 있습니다.

그러나 현물출자 방식에는 몇 가지 고려 사항도 있습니다. 먼저 기존 부동산의 가치 평가가 공정하고 합리적이어야 합니다. 또한 현물출자 비율, 분양 가격 등 세부 사항에 대해 구분소유자들 간의 충분한 합의가 필요합니다. 이를 위해 재건축 위원회와 시행사, 전문가들이 긴밀히 협력해서 현물출자 방식을 설계할 필요가 있습니다.

그러나 이 방식에도 단점이 있습니다. 재건축 위원회와 시행사 간의 의견 조율이 필요하므로 의사결정 과정이 복잡해질 수 있습니다. 또한 구분소유자들의 동의를 얻어야 하는 절차가 까다로울 수 있습니다. 따라서 재건축 위원회와 시행사 간의 긴밀한 소통과 협조가 매우 중요할 것입니다.

종합적으로 볼 때, 재건축 위원회와 전문 시행사의 공동 시행 방식은 구분소유자 참여와 사업 추진 능력을 균형 있게 확보할 수 있는 방법입니다. 이 방식을 성공적으로 추진하기 위해서는 재건축 위원회와 시행사 간의 긴밀한 협력, 구분소유자들의 적극적인 참여, 그리고 투명하고 공정한 의사결정 과정이 필수적일 것입니다.

시행사에 매각하는 방식

집한건물법 재건축 방식 중 하나는 시행사에게 전체 사업을 매각하는 방식입니다. 이 경우 구분소유자들은 재건축 사업을 직접 추진하지 않고, 시행사에게 사업 전체를 매각합니다.

시행사 매각 방식의 장점은 다음과 같습니다. 첫째, 재건축 사업에 필요한 전문성과 자금 조달 능력을 갖춘 시행사가 사업을 주도하므로 보다 체계적이고 효율적인 사업 추진이 가능합니다. 둘째, 시행사의 경험과 노하우를 활용할 수 있어 사업 리스크를 줄일 수 있습니다. 셋째,

구분소유자들의 직접적인 사업 참여가 필요 없어 시간과 노력을 줄일 수 있습니다.

그러나 이 방식에도 주의해야 할 점들이 있습니다. 먼저 시행사 선정 과정에서 구분소유자들의 의견이 충분히 반영되어야 합니다. 시행사와의 계약 조건, 보상 및 분양 방식 등에 대해서도 구분소유자들의 이해관계를 고려한 협의가 필요할 것입니다. 또한 시행사의 전문성과 재무 건전성 등을 면밀히 검토해 안정적인 사업 추진을 보장받아야 합니다.

따라서 시행사 매각 방식을 선택할 경우, 구분소유자들의 권익 보호와 사업의 투명성 확보를 위한 다양한 장치들을 마련해야 할 것입니다. 이를 통해 전문성과 효율성의 장점을 활용하면서도 구분소유자들의 이해관계가 충분히 반영될 수 있도록 해야 할 것입니다.

분담금 제로(0) 확정지분제 방식의 1 : 1 재건축

재건축·재개발조합이 시공사를 선정할 때 확정지분제 방식으로 계약을 체결하더라도, 현실에서는 이 개념이 제대로 적용되지 않는 경우가 많습니다. 이는 무상지분율이 본계약 체결 시 최종 확정되기 때문입니다. 시공사들은 조합원들의 지지를 얻기 위해 시공사 선정 총회에서 확정지분제라는 용어를 사용하지만, 계약서에는 추가 부담금 관련 조항이 포함되어 있어 조합원들은 혼란을 겪곤 합니다. 또한 용적률, 세대수, 사업 소요 기간 등 구체적인 사업계획이 확정되지 않은 상태에서는 모든 부담금을 미리 확정할 수 없는 문제가 있습니다.

조합은 총회에서 가장 좋은 조건을 제시한 업체를 선정하지만, '가장 좋은 조건'이란 단순히 공사비나 지분율만을 의미하지 않습니다. 전문가들은 공사비의 저렴함, 지분율의 높음, 확정지분제 방식 여부 등이 시공사 선정의 기준이 될 수 있지만, 이는 절대적인 기준이 아니라고 강조합니다. 대부분의 시공사는 비용 증가 요인을 계약서의 부관사항으로 명시하기 때문에, 조합원들은 구체적인 사업계획과 여건을 철저히 확인한 후 시공사들이 입찰할 수 있도록 해야 합니다.

확정지분제가 현실에서 적용되지 않는 이유는 여러 가지 복합적인 요인이 있습니다.

첫째, 정부의 불확실한 정책 변화가 큰 영향을 미칩니다. 재건축을 시작하는 단지들은 법에서 정해진 용적률과 세대수를 기반으로 사업계획을 세우지만, 사업이 진행되는 동안 정부 정책이 변화하면서 용적률이 하향 조정되는 등의 상황이 발생합니다. 이러한 변화는 건축 연면적 감소 및 일반 분양분 축소를 초래하며, 결국 조합원들에게 추가 부담금을 발생시킵니다.

둘째, 많은 조합원들이 '확정지분제=추가부담금 없음'이라는 단순한 논리에 빠져 있습니다. 이들은 계약서의 부관사항을 제대로 확인하지 않아 사업 진행에 걸림돌이 되는 경우가 많습니다. 이로 인해 비대위가 형성되고, 집행부에 대한 불만이 커져 소송으로 이어지는 경우도 발생합니다.

셋째, 과거에는 조합들이 과도한 용적률을 설정해서 재건축 결의를 이끌어내는 경향이 있었습니다. 예를 들어, 5대 저밀도지구의 재건축 사업은 평균 290%에 달하는 용적률로 진행되었습니다. 하지만 이러한 단지들은 하향된 용적률로 인해 사업성이 떨어지고 추가 부담금을 발생시킬 수밖에 없는 상황에 직면하게 됩니다.

가계약은 사업의 성패를 좌우하는 중요한 요소입니다. 시공사는 사업성을 보수적으로 판단해서 입찰에 참여하는데, 이는 조합이 계약서에 숨겨진 추가 부담금 사항을 찾아내지 못할 경우 큰 문제가 될 수 있습니다. 따라서 계약서에서 추가 부담금이 발생할 가능성을 사전에 검토하고 전문가의 도움을 받는 것이 중요합니다. 가계약 시에는 부관이 본계약의 부관과 합쳐지므로 이 시점에서의 계약이 매우 중요합니다. 예를 들어, 가계약에서 평당 공사비가 700만 원이었으나 나중에 50만 원이 올라 750만 원이 되었다면, 가계약의 중요성을 여실히 보여주는 사례입니다. 결국 가계약의 조건이 본계약에 큰 영향을 미치기 때문에 조합원들은 이를 신중히 검토해야 합니다.

또한, 시공사가 제공하는 무상 품목에 현혹되지 않도록 주의해야 합니다. 계약 당시 무상으로 제공되는 품목들은 실제 입주시점에서의 가치와는 다를 수 있기 때문에 조합원들은 이러한 요소를 신중히 평가해야 합니다. 예를 들어, PDP TV나 빌트인 가전제품 등이 무상 제공된다고 하더라도 실제 가치가 하락할 수 있습니다. 사업 여건이 비슷한 인근 단지와 비교해서 공사비와 부담금 규모를 파악하는 것도 중요합니다. 건축 연면적이 클수록 공사비가 낮아지는 경향이 있으므로 조합원들은 자신의 단지와 유사한 조건을 가진 단지를 비교해서 보다 현실적인 판단을 내려야 합니다.

　마지막으로, 분양성이 좋은 경우 추가 부담금이 발생하지 않는 경우도 있습니다. 예를 들어, 예상 분양가보다 높은 가격에 분양되어 추가 부담금이 발생하지 않았던 사례처럼, 사업 초기의 분양가와 실제 분양가 간의 차이가 조합원들에게 미치는 영향이 크기 때문에 이러한 요소를 충분히 고려해야 합니다.

　결론적으로, 재건축·재개발 사업에서 확정지분제를 효과적으로 적용하기 위해서는 계약서의 세부 조항을 철저히 검토하고 정부 정책 변화에 대한 이해를 바탕으로 구체적인 사업 계획을 세우는 것이 필요합니다. 이를 통해 조합원들은 불확실성을 최소화하고 사업의 성공 가능성을 높일 수 있을 것입니다.

　이러한 문제점을 해결하기 위해 집합건물법 상가 재건축 시장에서는 조합과 시공사가 아닌 조합과 시행사와의 협약을 통해 확정지분제를 합리적으로 적용할 수 있습니다. 시행사는 사업의 전반적인 운영과 관리를 책임지며, 조합원들의 권리와 이익을 보호하는 역할을 수행해야 합니다.

　첫째, 시행사는 조합원들에게 계약서의 모든 조항을 명확하게 설명하고, 이해하기 쉬운 형식으로 제공해야 합니다. 계약서 내의 추가 부담금 관련 조항은 구체적으로 명시하고, 조합원들이 사전에 충분히 이해할 수 있도록 해야 합니다.

둘째, 시행사는 사업 진행 상황을 정기적으로 조합원들에게 보고함으로써 투명성을 높이고, 정부 정책 변화에 대한 정보를 신속하게 전달해야 합니다. 이를 통해 조합원들은 변화에 대한 불안감을 줄일 수 있습니다.

셋째, 전문가의 참여를 확대함으로써 조합원들이 더 나은 판단을 할 수 있도록 지원해야 합니다. 시행사는 공사비, 지분율, 사업성 등을 분석할 수 있는 전문가를 참여시켜 조합원들에게 적절한 조언을 제공해야 합니다.

넷째, 시행사는 무상 품목의 가치를 사전에 평가하고, 실제 입주시점에서의 가치와 비교해서 조합원들에게 안내해야 합니다. 이러한 정보는 조합원들이 무상 품목에 대한 기대를 현실적으로 조정하는 데 도움이 됩니다.

마지막으로, 시행사는 사업 초기 단계에서부터 예상 분양가와 실제 분양가 간의 차이를 최소화할 수 있는 시스템을 구축해 조합원들이 추가 부담금 발생 가능성을 줄일 수 있도록 지원해야 합니다. 이를 통해 집합건물법 상가 재건축 시장에서도 확정지분제를 효과적으로 적용할 수 있으며, 조합원들의 권리를 실질적으로 보호하고 사업의 성공 가능성을 높일 수 있을 것입니다.

독립정산제 + 제자리 재건축 방식의 연합(통합)재건축

상가 재건축 과정은 이해관계자 간의 갈등, 복잡한 법적·행정적 절차, 그리고 사업 진행에 수반되는 시간과 비용 문제 등 다양한 복잡한 요소들로 얽혀 있습니다. 이러한 요인들은 상가 재건축 사업의 합리성과 지속 가능성을 저해하는 주요 원인으로 작용합니다. 이를 해결하기 위해 독립정산제와 제자리 재건축이라는 2가지 정책 접근법이 제안되고 있습니다. 이 두 정책은 상가 재건축 과정에서 발생할 수 있는 갈등을 완화하고, 보다 공정하고 투명한 사업 진행을 가능하게 할 것으로 기대됩니다.

먼저, 독립정산제의 개념과 작동 원리를 살펴보겠습니다. 독립정산제는 재건축 사업에서 각 세대의 지분에 따라 개별적으로 보상금을 지급하는 방식입니다. 기존의 재건축 방식은 전체 상가 단지의 가치 상승에 따라 일괄적으로 보상금을 산정하는 반면, 독립정산제는 각 동 또는 구분소유권에 따라 그 면적과 가치에 비례해서 보상이 이뤄집니다. 이 제도의 핵심 원리는 개별 구분소유권의 지분을 정확히 파악하고, 그에 따라 보상금을 산정하는 것입니다. 재건축 사업 전 각 동 또는 각 세대의 소유 면적과 시세 대지지분율 등을 종합적으로 평가해서 개별 지분을 산정하고, 재건축 후에는 새로운 가치에 근거해 구분소유권별로 보상금을 지급하게 됩니다. 이를 통해 기존 방식에서 발생할 수 있었던 구분소유권 간 보상의 불균형을 해소할 수 있습니다. 면적이 작은 상가나 상대적으로 오래된 상가를 가진 구분소유자도 자신의 실제 지분에 따라 합리적인 보상을 받을 수 있습니다. 또한, 구분소유권별로 자율적인 의사결정이 가능해져 재건축 과정에서의 갈등이 줄어들 것으로 기대됩니다.

독립정산제는 연합(통합)재건축 과정에서 각 동 마다 다른 구분소유권별 이익보호 차원에서 공정한 보상과 투명성을 높이는 핵심 수단입니다. 기존의 재건축 방식은 전체 단지의 가치 상승에 따라 일괄적으로 보상금이 산정되었지만, 독립정산제에서는 각 구분소유권이 실제로 보유한 면적과 가치에 비례해 개별적으로 보상이 이뤄집니다.

특히 다세대주택이나 저층주택이 밀집된 지역에서 독립정산제의 장점이 부각됩니다. 이러한 지역에서는 전통적인 재건축 방식이 다양한 주택 유형과 소유 구조를 제대로 반영하지 못하는 경우가 많습니다. 독립정산제는 각 구분소유권의 특성을 고려해 보상을 산정함으로써, 보다 형평성 있고 효율적인 재건축 사업을 가능하게 합니다. 요약하자면, 독립정산제는 구분소유권별 공정한 보상과 투명성 제고를 통해 재건축 과정의 합리성을 높이는 핵심 정책 수단이라고 할 수 있습니다. 이는 특히 다양한 주거 유형이 혼재된 지역에서 그 의의가 크다고 볼 수 있습니다.

다음으로는 제자리 재건축의 개념과 작동 원리를 살펴보겠습니다. 제자리 재건축은 기존 아파트 단지의 위치 또는 상가건물의 위치 그대로 재건축하는 방식을 말합니다. 이는 재건축 이후에도 건물이 원래의 자리에 그대로 입주하게 하는 것이 핵심 특징입니다. 제자리 재건축은 구분소유자들의 선호 지역을 유지하면서도 재건축 과정에서의 갈등을 줄일 수 있는 장점을 가지고 있습니다. 제자리 재건축의 작동 원리는 먼저 재건축 대상 단지의 경계와 토지 범위를 정확히 확인하는 것입니다. 그 후 기존 건물을 철거하고 동일한 부지에 새로운 건물을 건설하게 됩니다. 이 과정에서 기존 구분소유자들은 임시 거처에서 생활하다가 재건축 완료 후 원래의 자리로 이주하게 됩니다.

　제자리 재건축은 주로 한강변이나 역세권 등 구분소유자들이 선호하는 입지에 적용되는 경우가 많습니다. 이러한 지역은 부동산 가치가 높고 지역 정체성이 강하기 때문에 구분소유자들은 원래 자리에 재정착하기를 희망하는 경우가 많습니다. 제자리 재건축은 이러한 요구를 반영할 수 있는 방식으로 구분소유자들의 만족도와 협조도를 높이는 데 기여할 수 있습니다. 또한, 제자리 재건축은 재건축 과정에서 발생할 수 있는 갈등을 크게 완화시킬 수 있습니다. 기존 단지의 위치가 유지되므로, 토지 소유권과 관련된 분쟁이나 이주 문제 등 다양한 이해관계의 충돌을 최소화할 수 있습니다.

　그러나 제자리 재건축의 단점은 사업 추진에 따른 비용과 시간이 많이 소요된다는 점입니다. 기존 단지의 위치를 그대로 유지하면서 새로운 건물을 건설해야 하므로, 전체적인 공사 규모가 매우 크고 복잡해집니다. 이에 따라 공사 기간이 길어지고 건설 비용도 증가할 수밖에 없습니다. 예를 들어, 서울 강남구의 '청담동 재건축 사업'의 경우, 공사 기간이 8년 이상 소요되었고, 부산 해운대구의 '해운대 재건축 사업'에서는 공사비가 당초 예상보다 크게 증가해 사업 진행에 어려움을 겪기도 했습니다. 이러한 문제점은 제자리 재건축의 활용도를 제한하는 요인이 될 수 있습니다. 따라서 제자리 재건축을 보다 효율적으로 추진할 수 있는 방안을 모색할 필요가 있습니다.

　이제 두 제도의 통합 적용 방안을 살펴보겠습니다. 독립정산제와 제자리 재건축은 상호보완적으로 활용될 수 있는 정책 수단으로, 각각 상가 재건축 과정의 합리성과 지속 가능성을 제고하는 데 중요한 역할을 할 수 있습니다. 독립정산제는 구분소유권별 공정한 보상과 투명성 제고에 기여하며, 제자리 재건축은 갈등 해소와 구분소유자 선호 반영, 부동산 가치 유지 등의 장점을 제공합니다. 두 제도를 통합적으로 적용하면 상가 재건축 사업의 전반적인 성과 향상을 기대할 수 있습니다.

특히 이 두 제도는 서로 다른 지역 특성에 적합한 정책입니다. 독립정산제는 연합(통합)재건축 사업구역과 단독주택이나 노후 빌라 등이 혼재한 지역에서 효과적으로 활용될 수 있으며, 제자리 재건축은 부동산 가치와 지역 정체성이 강하고 상권이 다르게 형성된 상가지역에서나 적합할 것으로 판단됩니다. 따라서 지역 특성에 맞춰 두 제도를 적절히 조합해 적용한다면, 상가 재건축 사업의 성과를 극대화할 수 있을 것입니다.

또한, 연합재건축은 여러 개의 아파트 단지 또는 여러 동의 건물들을 합쳐 진행하는 재건축 방식으로, 이를 통해 단지들이 모여 규모의 경제를 실현할 수 있습니다. 연합재건축을 통해 여러 단지가 협력해서 재건축을 진행하면 건설 원가 절감, 공사 기간 단축, 주변 인프라 확충 등의 효과를 거둘 수 있습니다. 또한, 단지 간 시너지를 통해 랜드마크와 같은 새로운 랜드스케이프를 조성할 수 있으며, 이는 구분소유자들의 자부심과 주거 만족도를 높이는 데 기여할 것입니다. 연합재건축으로 인한 가치 상승 효과도 기대할 수 있습니다. 대규모 개발이 가능해지면서 새로운 주거 환경과 편의시설이 조성되고, 기존 주택과 상가의 가치가 상승하게 되어 구분소유자들의 자산 가치 증대에도 기여할 수 있습니다.

결론적으로, 재건축 과정에서 독립정산제와 제자리 재건축 방식을 통합적으로 적용하는 것이 합리적입니다. 이 두 정책은 각각의 장점을 살리고 지역의 특성과 구분소유자의 의견을 반영해 상가 재건축 사업의 효율성과 지속 가능성을 높일 수 있습니다. 이러한 접근은 재건축 과정에서의 갈등을 줄이고, 구분소유자들의 만족도를 높이며, 지역 발전에도 기여할 것으로 기대됩니다. 향후에도 이러한 정책 방향을 지속적으로 발전시켜나가는 노력이 필요할 것입니다.

연합재건축의 이점 1 – 랜드마크 조성 가능성

연합재건축을 통해 랜드마크 조성이 가능한 이유는 다음과 같습니다.

첫째, 여러 단지가 힘을 합치면 대규모 개발이 가능해집니다. 개별 단지로는 실현하기 어려웠던 대형 프로젝트를 추진할 수 있게 됩니다. 이를 통해 단지의 규모와 스케일을 대폭 확대할 수 있습니다.

둘째, 연합재건축은 단지 간 시너지 효과를 극대화할 수 있습니다. 여러 단지가 협력해서 사업을 진행하면 건설 원가 절감, 공사 기간 단축, 주변 인프라 확충 등의 효과를 거둘 수 있습니다. 이러한 시너지를 바탕으로 건축물의 품격과 경관을 향상시킬 수 있습니다.

셋째, 랜드마크급 주거단지 조성을 통해 지역의 랜드스케이프를 새롭게 구축할 수 있습니다. 여러 단지의 특성을 융합해 차별화된 건축 디자인과 공간 구성을 구현할 수 있습니다. 이는 해당 지역의 새로운 랜드마크로 자리 잡을 수 있습니다.

이처럼 연합재건축은 단지 간 시너지 효과를 극대화함으로써 기존에는 실현하기 어려웠던 랜드마크급 주거단지 조성을 가능하게 합니다. 이를 통해 구분소유자들의 자부심과 자산 가치 상승을 이끌어낼 수 있습니다. 또한 지역의 새로운 랜드스케이프를 창출해 주거환경의 질적 향상을 도모할 수 있습니다. 따라서 연합재건축은 노후화된 주거단지를 고품격의 랜드마크로 탈바꿈시킬 수 있는 혁신적인 방식이라고 할 수 있습니다.

연합재건축의 이점 2 - 재건축 추진력 확보

연합재건축을 통해 재건축 추진력을 확보할 수 있는 방법은 다음과 같습니다.

첫째, 연합재건축은 구분소유자들의 참여와 협력을 이끌어내는 데 효과적입니다. 여러 단지의 구분소유자들이 힘을 합치면 재건축에 대한 의지와 추진력이 강화됩니다. 개별 단지로는 달성하기 어려웠던 재건축 결의 및 관리처분총회 승인 등의 절차를 보다 수월하게 진행할 수 있습니다. 이는 재건축 사업의 원활한 추진에 크게 기여할 것입니다.

둘째, 연합재건축은 시행사 및 대형시공사 유치에 유리한 조건을 제공합니다. 단지 간 협력을 통해 대규모 사업을 추진할 수 있게 되어, 시공 능력과 재무 건전성이 우수한 대형 업체들의 관심을 끌 수 있습니다. 이를 통해 재건축 사업의 전문성과 안정성을 확보할 수 있습니다.

셋째, 연합재건축은 지자체 및 관련 기관과의 협력 관계 구축에도 도움이 됩니다. 단일 단지 단위보다는 여러 단지가 연합해서 사업을 추진할 경우, 지자체나 정부 기관에 더 큰 영향력을 행사할 수 있습니다. 이를 통해 용적률 향상, 행정절차 진행, 인허가 획득, 각종 지원 사업 유치 등에서 보다 효과적으로 대응할 수 있습니다.

결과적으로 연합재건축은 구분소유자들의 참여와 협력을 이끌어내고, 대형 시행사 및 관련 기관들과의 협력 관계를 구축할 수 있습니다. 이를 통해 재건축 사업 전반에 걸쳐 추진력을 확보할 수 있습니다. 따라서 노후화된 주거단지의 성공적인 재건축을 위해서는 연합재건축이 매우 유효한 방안이 될 것입니다.

연합재건축 추진 절차

첫 번째 단계는 연합재건축 추진을 위한 협의체 구성입니다. 인근에 위치한 여러 건물들의 대표들이 모여 연합재건축 추진 협의체를 만들어야 합니다. 이 협의체에는 단지별 구분소유자 대표, 관리사무소장, 전문가 등이 참여해 연합재건축의 필요성과 추진 방향에 대해 논의해야 합니다.

두 번째 단계는 연합재건축 타당성 검토입니다. 협의체는 각 단지의 노후화 정도, 재건축 시기, 구분소유자 의견 등을 종합적으로 검토해서 연합재건축의 실현 가능성을 면밀히 검토해야 합니다. 이를 통해 연합재건축이 단지들에게 실질적인 혜택을 제공할 수 있는지 판단해야 합니다.

세 번째 단계는 연합재건축 계획 수립입니다. 협의체는 전문가들의 자문을 받아 단지 간 통합 마스터플랜, 사업비 조달 방안, 구분소유자 보상 기준 등 연합재건축의 구체적인 실행 계획을 수립해야 합니다. 이 과정에서 각 단지의 이해관계를 균형 있게 반영하는 것이 중요합니다.

네 번째 단계는 연합재건축 결의 및 승인 절차입니다. 협의체는 각 단지 구분소유자들의 동의를 얻어 연합재건축 결의를 진행해야 합니다. 이후 관리처분총회를 개최해 연합재건축 계획에 대한 구분소유자 승인을 받아야 합니다. 이 과정에서 구분소유자들의 충분한 의견 수렴과 합의 도출이 필수적입니다.

마지막으로 행정적 인허가 절차를 거쳐 연합재건축 사업에 착수하게 됩니다. 이 과정에서 지자체와의 긴밀한 협력이 필요할 수 있습니다. 또한 시공사 및 금융기관 선정, 분양 계획 수립 등의 후속 작업들이 수반됩니다.

이와 같이 연합재건축을 추진하기 위해서는 단지 간 협의체 구성, 타당성 검토, 계획 수립, 구분소유자 승인, 인허가 절차 등 체계적인 단계별 프로세스가 필요합니다. 이 과정에서 구분소유자 의견 수렴, 전문가 자문, 지자체 협력 등이 핵심적인 역할을 하게 될 것입니다. 이를 통해 연합재건축이 성공적으로 실현될 수 있을 것입니다.

3 재건축 사례별 연구

2021. 08. 10 건축법 개정 이후 집합건물법 재건축 사례

북수원 패션 아울렛 재건축 조합

수원특례시 장안구 조원동 893번지 일원에 위치한 복합쇼핑몰 '북수원 패션 아울렛'이 집합건물 재건축 규제 완화 적용의 국내 첫 사례로 발표되면서 귀추가 주목되고 있습니다. 이 재건축 사업구역은 2021년 조합 설립 이후 불과 4개월 만에 80%의 동의율을 확보하고, 건축 심의를 완료해 이미 건축 허가까지 마친 상황입니다.

북수원 패션 아울렛 재건축 사업조합은 건물 전체 구분소유자의 80%에 해당하는 조합원들이 재건축 결의서에 동의함으로써 국토교통부가 건축 산업 활성화를 위해 시행한 집합건물 재건축 규제 완화의 국내 첫 적용 사례가 되었습니다. 이러한 동의는 재건축 사업을 추진하는 데 중요한 첫걸음이었습니다.

그러나 이 과정에서 2022년 7월 13일, '북수원 패션 아울렛 재건축 조합 설립'을 무효라고 주장하는 11명의 원고가 수원지방법원에 '건축에 관한 소송'을 제기했습니다. 이 소송은 2023년 8월 29일 법원으로부터 "원고들의 피고들에 대한 청구를 모두 기각한다"라는 판결로 마무리되었습니다. 이 판결은 조합 설립의 정당성을 다시 한번 확인하는 계기가 되었습니다.

소송이 진행되는 동안 일부 구분소유자들은 "이 소송으로 북수원 패션 아울렛 재건축 조합 설립이 무효화될 것이 확실하다"라는 우려가 있었지만 또 다른 구분소유자들은 지역의 새로운 변화와 발전을 기대하며 재건축 사업에 긍정적인 입장을 보였습니다.

북수원 패션 아울렛 재건축 사업은 건축 인허가 과정에서 일부 구분소유자들이 2023년 8월 수원지방법원에 '재건축 결의 등 무효 확인 소송'을 제기하며 조합 측과 법적 공방을 벌이는 등 내전을 겪었습니다. 그럼에도 불구하고 수원시의 재건축 허가 승인으로 그동안의 분쟁이 일단락되는 모양새입니다.

재건축 사업에 반대한 일부 조합원들은 조합 결성에 대한 의결권의 80% 이상이 동의해야 한다고 주장하며, 조합의 면적 비율 총합이 20.15%로 79.85%의 동의율로 설립된 조합은 법적 효력이 없다고 주장했습니다. 이들은 2021년 7월부터 추진된 재건축 사업 역시 무효라고 주장해왔습니다.

하지만 조합 측은 "집합건물법은 통상 전유부분의 면적 비율에 따라 의결권을 부여하지만, 2005년 건축 당시의 '북수원 패션 아울렛 관리규약'은 점포 1개당 하나의 의결권을 부여하고 있다"라며, "따라서 80% 동의를 충족한 것이 맞다"라고 강하게 반박했습니다. 집합건물법은 '각 구분소유자의 의결권은 규약에 특별한 규정이 없으면 건물의 각 소유자가 가진 전유부분의 면적 비율에 따른다'라고 명시하고 있으며, 조합 측은 이 내부 규약이 특별한 규정에 해당한다고 주장하고 있습니다.

북수원 패션 아울렛 재건축 사업이 모든 민원과 갈등을 조속히 해결하고 해당 지역의 랜드마크로 새로이 탄생되길 기다려보겠습니다.

안산 원곡지구 연합(통합)재건축

2021년 2월 19일 안산 '원곡지구'에 지정된 지구단위계획이 3년 이내에 수립되지 않아 2024년 2월 19일 실효되었다가 2024년 10월 22일 지구단위계획이 재결정되어 고시되었는데 재결정 사항의 요지는 '원곡지구'의 토지 이용을 합리화하고, 기능을 증진시키며, 경관 개선 등을 위해 기존 용적률의 상한선을 600%에서 700%로 상향하고, 5동으로 구성되어 있는 'A'가구(街區)에서 연합(통합)재건축을 할 경우 용적률 프리미엄(+20%)이 적용된다는 등의 결정이었습니다.

안산시는 '원곡지구' 내 상가들이 통합해서 재건축될 수 있도록 적극 권장하고 있으며, 이에 따른 용적률 프리미엄 및 행정 절차(건축 인허가 등)의 편리함을 지원하고 있습니다.

안산 원곡지구('A' 가구(街區))에는 일반상업지 약 4,800평 위에 연면적 약 16,000평의 상가건물 5동이 40년 이상 노후화되어 2020년부터 각 동에서 개별 재건축을 추진해왔으나 용적률이 상향되지 못하고 건설경기가 악화됨에 따라 사업성 결여로 추진되지 못하다가 2024년 10월 22일 지구단위계획이 결정 고시됨에 따라 2024년 11월경 부터 5동 전체의 연합재건축을 시도하고 있는 대단지 재건축 사업구역입니다.

연합(통합)재건축 후 건축 예정인 새 건물의 규모

대지면적	실사용 면적	건축연면적	규모
14,825.20㎡	14,825㎡	216,244.02㎡	지하 7층~ 지상 49층
판매시설 등 : 61,637.64㎡ / 주거시설 : 84㎡(A, B 타입 총 870세대)			

출처 : 백운동 상가 연합재건축추진위원회 & 시행사 ○○산업개발㈜

현재 사업구역 내 ○○상가에서는 ○○상가 재건축 위원회를 구성해서 개별 재건축 추진을 위해 2023 재건축 결의를 마치고 2024년 12월 매도청구권 소송에서 모두 승소한 상황으로 '안산 백운동 상가 연합재건축추진위원회'와 시행사 ○○산업개발㈜가 추진하는 연합재건축에 합류할지 귀추가 주목되는 안산 최대규모의 상가 재건축 사업 구역입니다.

만약 5동 연합재건축이 실현되면 안산 최대 규모의 주상복합단지가 형성되어 랜드마크로 자리 매김할 것으로 기대하고 있습니다.

필자가 '안산 백운동 상가 연합재건축추진위원회'와 연합재건축을 추진을 위해 심혈을 기울이고 있는 사업구역으로서 1군 시공사의 참여 조건과 재건축분담금제로 방식의 확정지분제와 1:1 재건축 정책! 각 동마다 다른 대지지분율 및 전용률을 고려해서 구분소유자들의 이익보호를 위한 독립정산제 정책! 그리고 형평성 유지를 위한 제자리 재건축 정책을 내걸고 현재 각 동의 재건축 추진위원장 및 임원들이 내정되어 연합재건축에 관한 간담회를 개최한 후 연합재건축 동의서 징구가 시작된 우량 재건축 사업 구역입니다.

2025년 재건축 결의를 마치고 건축 허가까지 완료할 것을 목표로 추진 중인 안산 백운동 상가 연합재건축 사업구역에 많은 관심과 응원을 부탁드립니다.

결론

연합재건축은 노후화된 아파트 단지들이 힘을 합쳐 진행하는 재건축 방식으로, 다양한 장점을 제공합니다. 첫째, 규모의 경제를 실현해 건설 원가 절감, 공사 기간 단축, 주변 인프라 확충 등의 시너지 효과를 거둘 수 있습니다. 둘째, 단지 간 협력을 통해 랜드마크급 대단지를 조성할 수 있어 구분소유자들의 자부심과 자산 가치 상승을 이끌어낼 수 있습니다. 셋째, 여러 단지가 힘을 합치면서 재건축에 대한 추진력과 실행력을 확보할 수 있습니다. 이를 통해 구분소유자 동의 획득, 시행사 유치, 행정 절차 진행 등을 보다 효과적으로 수행할 수 있게 됩니다.

이처럼 연합재건축은 노후화된 주거 및 상업단지를 성공적으로 재건축하고자 하는 구분소유자들에게 매력적인 대안이 될 수 있습니다. 그러나 연합재건축을 추진할 때는 몇 가지 주의사항이 있습니다.

첫째, 구분소유자들 간의 충분한 소통과 합의 도출이 필수적입니다.

단지 간 이해관계를 균형 있게 조율하고 구분소유자들의 의견을 적극 반영해야 합니다. 둘째, 전문가와 지자체의 지원을 적극 활용해야 합니다. 재건축 계획 수립, 인허가 절차 진행 등에 전문가의 자문을 구하고 지자체와의 긴밀한 협력관계를 구축해야 합니다. 마지막으로 세부 실행 계획을 면밀히 수립해야 합니다. 단지 간 통합 마스터플랜, 사업비 조달, 구분소유자 보상 기준 등을 꼼꼼히 준비해야 합니다.

이러한 점들에 유의한다면, 연합재건축은 노후화된 주거 및 상업단지를 효과적으로 개선하고 구분소유자들의 삶의 질을 높일 수 있는 혁신적인 방안이 될 것입니다. 이를 통해 우리나라 주거환경의 질적 향상에도 크게 기여할 수 있을 것으로 기대됩니다.

PART 03

재건축 사업에서의
권리분석과 솔루션

1

구분소유권 등의 권리분석

　상가 등의 집합건물법 재건축 사업은 그 규모가 상당하고 이해관계인이 많으므로 각자의 이익과 권리가 다르기 때문에 이들 간의 갈등이 발생할 수 있습니다. 예를 들어 소유주들 간의 지분 배분과 분담금 문제, 시행사, 시공사의 선정 문제와 동 호수 배정 문제 등이 대표적인 분쟁 사례입니다.

　상가 재건축 사업의 절차와 규제는 도시정비법 재건축에 비해 간단하지만 사업 추진을 위해서는 건축 인허가와 승인 절차를 거쳐야 하며, 관련 법규와 제도를 준수해야 합니다.

　재건축 사업의 규모와 비용이 크기 때문에 이해당사자들의 이해관계가 첨예하게 대립되면서 건물 철거, 신축, 보상 등에 막대한 비용이 소요되므로 이를 둘러싼 갈등이 심화될 수 있습니다. 특히 보상 수준, 분양가 책정 등의 문제를 둘러싼 분쟁이 자주 발생합니다.

따라서 사업 추진 과정에서 발생할 수 있는 분쟁을 사전에 예방하고 효과적으로 해결할 수 있는 방안 중 우선과제는 사업구역 내의 구분소유권과 건물의 대지 및 임차인들에 대한 명확한 권리분석과 솔루션을 마련하는 것입니다.

재건축 구성원 간의 소유권 관련 분쟁, 공용부분에 대한 소유권 분쟁

상가 재건축 사업에서 토지 및 건물 소유권 분쟁은 매우 복잡한 양상을 보입니다. 먼저, 건물의 대지를 소유한 당사자와 건물의 구분소유권을 가진 구분소유자 명의가 다른 경우와 공용부분이 전용부분처럼 처리되어 누군가의 개인 재산처럼 등기되어 있는 경우 등기 정리 및 소송이 야기될 수 있고, 이로 인해 사업 추진이 지연되거나 무산될 수 있습니다.

집합건물법 제3조 제1항에 따르면, 복도, 계단 등 여러 개의 전유부분으로 통하는 공용부분은 구분소유권의 목적으로 사용할 수 없습니다. 대법원 등기예규 제7-514호에 따르면, 건물의 공용부분 중 복도와 계단은 구조적으로 공용이기 때문에 등기 능력이 없어 구분소유권의 목적으로 등기할 수 없습니다. 반면, 지하실, 지하주차장, 관리사무소, 노인정 등은 구조적 및 이용상의 독립성이 인정된다면 독립적으로 등기할 수 있습니다.

만약 지하실이나 지하주차장 등이 구조적으로 독립성이 인정되지 않아 집합건물대장상 공용부분으로 기재되어 있음에도 불구하고, 집합건물 등기부상 전유부분의 표시 란에 잘못 기재되었다면, 신청착오에 대한 소명 자료를 첨부해서 구분건물 소유권 등기명의인의 표시경정등기를 신청할 수 있습니다. 또한, 등기관의 착오로 잘못 등기된 경우에는 직권경정절차를 통해 이를 바로잡을 수 있습니다.

특히 상가 지하주차장과 지하실 등이 구조적 및 이용상으로 전유부분이 아님에도 최초 건축주 명의로 되어 있는 경우, 표시경정등기나 직권경정절차 또는 소송을 통해 경정해나가야 합니다.

구분소유권과 대지사용권의 분리

집합건물을 20년간 구분소유한 사람은 등기함으로써 대지의 소유권을 취득할 수 있다(대법원 2017. 1. 25. 선고 2012다72469 판결의 요지)

건물은 일반적으로 대지를 떠나서는 존재할 수 없으므로, 건물의 소유자가 건물의 대지인 토지를 점유하고 있다고 볼 수 있다. 이 경우 건물의 소유자가 현실적으로 건물이나 대지를 점유하지 않고 있더라도 건물의 소유를 위해 대지를 점유한다고 보아야 한다. 그리고 점유는 물건을 사실상 지배하는 것을 가리키므로, 1개의 물건 중 특정 부분만을 점유할 수는 있지만, 일부 지분만을 지배해 점유한다는 것은 사실상 상정하기 어렵다.

따라서 건물 한 동의 구분소유자들은 전유부분을 구분소유하면서 공용부분을 공유하므로 특별한 사정이 없는 한 건물의 대지 전체를 공동으로 점유한다. 이는 집합건물의 대지에 관한 점유취득시효에서 말하는 '점유'에도 적용되므로, 20년간 소유의 의사로 평온, 공연하게 집합건물을 구분소유한 사람은 등기함으로써 대지의 소유권을 취득할 수 있다. 이와 같이 점유취득시효가 완성된 경우에 집합건물의 구분소유자들이 취득하는 대지의 소유권은 전유부분을 소유하기 위한 대지사용권에 해당한다.

집합건물의 소유 및 관리에 관한 법률(이하 '집합건물법'이라고 한다)은 구분소유자의 대지사용권은 그가 가지는 전유부분의 처분에 따르고(제20조 제1항), 구분소유자는 규약에 달리 정한 경우를 제외하고는 그가 가지는 전유부분과 분리해서 대지사용권을 처분할 수 없다(제20조 제2항)라고 정함으로써, 전유부분과 대지사용권의 일체성을 선언하고 있다. 나아가 집합건물법은 각 공유자의 지분은 그가 가지는 전유부분의 면적 비율에 따르고(제12조 제1항), 구분소유자가 둘 이상의 전유부분을 소유한 경우에 규약으로써 달리 정하지 않는 한 대지사용권이 전유부분의 면적 비율대로 각 전유부분의 처분에 따르도록 규정하고 있다(제21조 제1항, 제12조). 이 규정은 전유부분을 처분하는 경우에 여러 개의 전유부분에 대응하는 대지사용권의 비율을 명백히 하기 위한 것인데, 대지사용권의 비율은 원칙적으로 전유부분의 면적 비율에 따라야 한다는 것이 집합건물법의 취지라고 할 수 있다. 이러한 취지에 비춰보면, 집합건물의 구분소유자들이 대지 전체를 공동 점유해서 그에 대한 점유취득시효가 완성된 경우에도 구분소유자들은 대지사용권으로 전유부분의 면적 비율에 따른 대지 지분을 보유한다고 봐야 한다. 집합건물의 대지 일부에 관한 점유취득시효의 완성 당시 구분소유자들 중 일부만 대지권등기나 지분이전등기를 마치고 다른 일부 구분소유자들은 이러한 등기를 마치지 않았다면, 특별한 사정이 없는 한 구분소유자들은 각 전유부분의 면적 비율에 따라 대지권으로 등기되어야 할 지분에서 부족한 지분에 관해 등기명의인을 상대로 점유취득시효 완성을 원인으로 한 지분이전등기를 청구할 수 있다.

토지별도등기가 있는 경우

토지별도등기는 건설사가 금융사에게 토지를 담보로 대출을 받아 공동주택 등을 분양 후 분양 대금으로 토지저당권을 말소하고, 준공 후 구분소유권별로 토지등기를 해야 하는데, 미분양 등의 원인으로 부도가 될 경우에 흔히 발생하게 됩니다.

토지별도등기가 있는 집합건물의 구분소유자는 재건축 결의에 동의하는 것에는 문제가 없지만 건축 허가 이후 종전 건물을 철거해야 할 때는 문제가 될 수 있습니다. 재건축의 대상이 되는 건물의 대지는 경우에 따라 권리관계에 따라 다르게 처리해야 되는데, 매도청구권 행사를 통한 매수 및 협의 매수 방법과 무상으로 취득되는 경우가 있을 수 있습니다.

전유부분이나 대지지분에 담보물권 및 제한사항이 등기되어 있는 경우

전유부분이나 대지지분에 담보물권이 설정되거나 제한사항이 등기되어 있는 경우, 재건축 시 이해관계자들 간의 권리 조정이 필요합니다. 구분소유자 외에도 담보권자, 임차인, 대지소유자 등 다양한 이해관계자들이 존재합니다. 기존 집합건물의 재건축은 이러한 이해관계자들의 권리를 고려해서 진행되어야 하며, 이들 간의 권리 조정이 이뤄지지 않으면 재건축이 원활하게 진행되기 어렵습니다.

저당권 설정

구분소유권자가 저당권자와 협의하지 않더라도 재건축 결의에 동의할 수 있습니다. 그러나 저당권자는 저당목적물의 가치를 담보로 우선변제를 받을 수 있는 권리를 가지며, 재건축 시 저당권이 설정된 기존 건물이 철거되면 저당권이 소멸하게 되므로, 이 경우 구분소유권자는 저당권자와 협의해서 저당권을 소멸시키거나 대체담보를 제공해야 하고, 건축 허가 후 철거 단계에서 저당권자의 동의가 없으면 재건축이 어렵습니다.

　또한 매도청구권을 행사해서 구분소유권을 취득하는 경우 그 구분소유권에 저당권이 설정되어 있으면 매도청구권의 행사자는 민법 제364조 소정의 저당부동산의 제3취득자로서, 모두 피담보채무를 변제하고 저당권을 소멸시킬 수 있습니다.

　만약 구분소유권의 시가보다 구분소유권에 설정된 저당권 및 등기상 하자가 상당하면 대출채권매입 방법 및 경매를 통한 취득 절차가 더 용이할 수도 있습니다.

가등기담보권 또는 가처분등기가 경료되어 있는 경우

구분소유권자가 가등기권자 및 가처분권자와 협의하지 않더라도 재건축 결의에 동의할 수 있습니다. 그러나 가등기담보권 등이 설정된 경우, 물권적 효력을 지니는 권리라고 할 수 있어 저당권과 마찬가지로, 피담보채권이 소멸되지 않는 한 철거 과정에서 재건축을 진행하기 어려운 상황이 발생할 수 있습니다.

압류의 경우

- **압류등기가 있어도 매도청구권에 큰 문제는 없음** : 매도청구권자는 물건을 팔 수 있는 권리가 있습니다. 압류가 있어도 이 권리는 크게 영향을 받지 않습니다.

- **피고의 동시이행 항변** : 만약 상대방이 "내가 돈을 줄 테니, 물건을 먼저 줘야 한다"라고 주장하면, 압류된 돈만큼은 지급을 거절할 수 있습니다.

- **압류 해제 및 상계** : 매도청구권자는 제3자에게 압류를 해제해달라고 요청하고, 다른 채권에 대한 상계(빚을 서로 갚아주는 것)를 주장할 수 있습니다.

- **경매와 배당 요구** : 압류가 있으면 경매가 진행될 수 있고, 다른 채권자들이 돈을 요구할 수 있습니다. 그러나 압류등기가 없으면 매

도청구권자에게 대항할 수 없습니다.

- **소유권 이전 등기** : 청구한 돈이 매매 대금을 초과하면 소유권 이전 등기를 할 수 있습니다. 경매가 더 안전하고 간편할 수 있습니다.

가압류의 경우

가압류는 재산에 대한 임시적인 조치입니다. 매도청구권자는 압류된 경우와 비슷하게 대처할 수 있습니다.

경매기입등기 또는 파산 중인 경우

우선, 구분소유권에 경매기입등기가 등재되어 있다고 하더라도 재건축 결의에 동의하는 것에는 문제가 없습니다.

다만, 구분소유권 또는 사업구역 내의 부동산에 경·공매가 진행 중인 경우는 재건축 위원회 또는 시행사가 빠르게 대응해 최근 활황 중인 부실채권 매입 방식을 통해 우선권을 선점한 후 경·공매에 응찰해서 매수하거나 경매신청권자와 구분소유자 간에 채무조정을 지원하며 재건축 구성원으로 함께할 수 있도록 지원을 아끼지 말아야 합니다.

대규모 재건축 사업구역에서는 재건축 추진 속도가 생명입니다. 때로는 수백명의 구분소유자가 존재하는 재건축 사업구역에서 재건축 결의에 대한 동의율을 80% 이상 얻어낸다는 것은 사실상 쉬운 일이 아닐 것입니다. 개인 사정으로 인해 구분소유권 등이 경·공매 대상이 되었을 때, 조속히 대응해 제3자가 낙찰을 받아 재건축 추진이 지연되는 일이 없도록 하는 것이 중요합니다.

나아가 재건축 사업구역 내의 구분소유권 및 부동산의 법원에 회생 또는 파산 신청을 하면 경매 절차가 정지됩니다. 이후 회생 또는 파산 신청이 법원에서 받아들여지지 않으면 경매 절차가 재개되겠지만 이러한 사유로 재건축 사업이 지연될 수도 있습니다. 재건축 결의에 중대한 의결권을 가진 구분소유권이 회생 또는 파산의 대상이 되면 전문가의 조력이 시급할 수 있습니다. 필자는 20여 년간 경·공매 실무와 부실채권의 매입 및 처분업무와 부실현장의 재건 및 재건축 사업을 진행해 오면서 채무자의 회생과 파산신청에 의한 여러 상황을 경험한 바 있으나 경·공매를 통해 바로 매수할 수도 없고 상당한 시간이 걸리는 회생과 파산에 들어간 구분소유권 등의 매입은 난해한 일이라고 할 수 있습니다.

매도청구권 행사 시 시가의 산정

매도청구권이 행사될 경우, 매도인은 소유권 이전 등기와 명도 의무를 지게 되며, 매수인은 이에 상응하는 대금을 지급해야 합니다. 그러나 집합건물법에는 시가 산정 기준이나 방법에 대한 구체적인 규정이 부족해서 실무에서 어려움을 겪고 있습니다. 매도청구권을 법원에 소송으로 행사할 경우, 구분소유권의 시가는 객관적으로 정해질 것이므로 구체적인 가격을 미리 정할 필요는 없습니다. 이는 재판 과정에서 확정될 것입니다.

시가 산정과 관련한 몇 가지 중요한 사항이 있습니다. 첫째, 재건축 프리미엄이 시가에 포함될 수 있는지 여부입니다. 재건축으로 인한 가치 상승은 시가 산정 시 반드시 고려되어야 하며, 이는 노후 건물의 교체와 주거 환경 개선에서 기인합니다. 둘째, 시가가 단순히 교환 가격을 의미하는지, 아니면 영업 손실에 대한 보상도 포함해야 하는지의 문제입니다. 토지수용법에서는 정당한 보상을 포함하지만, 집합건물법에서는 재건축 프리미엄도 포함해야 한다는 점이 다릅니다. 셋째, 이사 비용을 시가에 포함할 수 있는지에 대한 논의가 필요합니다. 일반적으로 이사 비용은 매매 가격에 포함되지 않지만, 실무에서는 건설회사가 지원하는 경우가 있어 형평성 문제를 고려해야 합니다.

시가 평가 방법론에 대해서도 여러 견해가 존재합니다. 일반적인 부동산 시가 감정은 주변 부동산의 시세와 용도를 고려해서 산출합니다. 그러나 재건축의 경우, 기존 건물이 철거되고 새로운 건물이 건축되므로 현재 가치뿐만 아니라 미래 가치까지 평가해야 합니다. 이에 따라 다양한 평가 방법이 제안됩니다. 첫 번째 방법은 재건축 완료 후의 가치와 필요한 경비의 차액을 기준으로 평가하는 것입니다. 두 번째 방법은 재건축 예상 종결 시점의 가격과 현재 가격의 차이를 반영해서 평가하는 것입니다. 마지막으로, 인근 매매 사례를 참고해서 시가를 평가하는 방법도 일반적으로 사용됩니다.

결론적으로, 재건축 과정에서 매도청구권 행사 시 시가 산정은 여러 요소를 고려해야 하며, 명확한 기준이 부족한 상황에서 실무적으로 복잡한 문제가 발생하고 있습니다. 따라서 법적 기준과 실무 관행 간의 조화를 이루는 것이 중요합니다. 법원에서 매도청구권 관련 시가 산정을 위한 판단 기준은 재건축 프리미엄, 시장 가격 분석, 경제적 가치 평가, 법적 규제 및 제도 분석, 거래 요소 반영, 손실 보상 필요성 고려, 전문가 의견 참고, 미래 가치 평가 등 다양한 요소로 구성됩니다. 이러한 기준들은 법원이 시가를 객관적이고 합리적으로 산정하기 위해 종합적으로 고려하는 요소들입니다.

구분소유자와 임차인 간의 분쟁

상가 재건축으로 인해 임차인들이 일방적으로 해지 통보를 받는 경우, 그들은 영업을 통해 쌓은 유무형의 가치 회수가 어려워지는 문제가 발생합니다. 임대인은 재건축 공사 진행으로 인해 새로운 임차인을 받아들이지 않기 때문에, 임차인들은 자신의 영업 가치를 잃을 위험에 처하게 됩니다. 이러한 분쟁을 사전에 예방하기 위해서는 임대인은 임대차 계약 체결 시 재건축 공사의 일정과 소요 기간 등을 명확히 고지해서 계약서에 포함시키는 것이 중요하고, 재건축을 앞둔 건물이기에 상대적으로 적은 임차료를 요구하면서 단기 임대 계약을 하는 것이 좋습니다.

임차인 입장에서는 임대차 계약 체결 시 재건축 공사의 일정과 소요 기간 등을 명확히 고지했거나, 재건축이 예정되어 상대적으로 적은 임차료를 지불하고 있었거나, 건물이 노후화되거나 심각한 훼손이 발생해서 안전 위험이 우려되는 경우와 관련 법률에 의한 재건축 사업이 진행될 경우, 상가임대차보호법에서 규정한 계약갱신권 및 권리금 회수를 주장할 수 없는 상황에 직면할 수 있습니다.

재건축 사업에서 세입자들의 이주 대책과 영업 보상에 대한 의무는 법적으로 명시되어 있지 않지만, 실무적으로 이는 주요 분쟁 요인으로 작용합니다. 세입자들은 재건축으로 인한 퇴거 요구에 대해 적절한 이주 대책과 영업 보상을 요구하는 경우가 많습니다.

이러한 상황에서 구분소유자와 세입자 간의 원활한 소통과 협력이 필수적이며, 상호 이해와 타협점을 찾는 것이 최우선입니다. 전문가의 자문을 통해 임차인이 주장하는 권리에 대한 분석을 선행해서 임차인 보상 문제에 대한 공정하고 합리적인 해결책을 모색하는 것도 중요한 접근법입니다.

잘 키운 상가
열 아들 안 부럽다

수익성 있는 재건축 상가를 선택하고 관리하는 방법에 대해 자세히 살펴보겠습니다. 재건축 상가 투자를 하기로 결정하셨다면 가장 중요한 것은 올바른 상가를 선택하는 것입니다. 수익성이 높은 상가를 고르기 위해서는 몇 가지 중요한 요소를 고려해야 합니다.

첫째, 상가의 입지와 접근성을 꼼꼼히 살펴봐야 합니다. 교통이 편리하고 유동인구가 많은 곳에 위치한 상가일수록 임대료와 매출이 높을 가능성이 크기 때문입니다. 또한 주변 상권의 경쟁 환경과 성장성도 중요한 요인이 됩니다.

둘째, 상가의 규모와 시설 상태도 중요합니다. 적정 규모의 상가면서 시설이 최신화되어 있다면 입주자들의 선호도가 높아질 것입니다. 이는 곧 안정적인 임대 수익으로 이어질 수 있습니다.

셋째, 상가의 미래 가치 상승 가능성을 면밀히 검토해야 합니다. 재건축 사업이 진행되는 지역의 개발 계획과 미래 수요 등을 고려해서 향후 상가의 가치가 상승할 것으로 판단되는 곳을 선택하는 것이 중요합니다.

이렇듯 투자 대상 상가 선정 시 수익성을 종합적으로 검토하는 것이 핵심입니다. 단순히 재건축 예정이라는 이유만으로는 충분하지 않습니다. 철저한 사전 조사와 분석을 통해 실제 수익성이 높은 상가를 선별해야 합니다. 한편, 재건축 상가 투자에는 다양한 방법이 있습니다. 경매를 통해 상가를 매입하거나, 부실채권을 활용하는 것도 고려해볼 만합니다. 경매의 경우 저렴한 가격에 상가를 구입할 수 있지만, 법적 절차와 리스크에 대한 이해가 필요합니다. 부실채권을 매입하는 방법 또한 일정 수준의 전문성이 요구되지만, 상대적으로 저렴한 가격에 상가를 확보할 수 있습니다.

또한 재건축 기간이 길어질 경우 상가를 계속 보유할지, 아니면 매각할지에 대한 전략도 수립해야 합니다. 재건축 기간이 너무 오래 걸리면 투자 수익이 줄어들 수 있습니다. 따라서 재건축 진행 상황을 꾸준히 파악하고, 적절한 시기에 매각 여부를 결정하는 것이 중요합니다.

이와 함께 증여세 절감을 위해 자녀 명의로 상가를 매입하는 방법도 고려해볼 만합니다. 이 경우 증여세 관련 법규를 충분히 숙지하고, 전문가의 조언을 구하는 것이 좋습니다.

결국 수익성 있는 재건축 상가를 선택하고 효과적으로 관리하는 것이 성공적인 투자의 핵심이라고 할 수 있습니다. 상가의 입지, 규모, 시설 상태, 미래 가치 등을 종합적으로 검토하고, 다양한 매입 방법과 보유 전략을 면밀히 수립해야 합니다. 이를 통해 안정적인 임대 수익을 확보하고 장기적인 자산 가치 상승을 기대할 수 있을 것입니다.

수익성 있는 재건축 예정 상가 고르기

재건축 상가 투자에 있어서 수익성은 가장 중요한 요소입니다. 투자자들은 재건축 상가를 선택할 때 다양한 기준을 고려해야 하지만, 그중에서도 수익성에 대한 면밀한 검토가 선행되어야 합니다. 수익성 있는 재건축 예정 상가를 고르기 위해서는 몇 가지 핵심적인 요소들을 살

퍼볼 필요가 있습니다.

첫째, 해당 상가의 위치와 접근성을 면밀히 분석해야 합니다. 재건축 상가가 주요 도로나 교통망에 인접해 있다면 높은 유동인구와 활발한 상권을 기대할 수 있습니다. 이는 곧 안정적인 임대수익으로 이어질 가능성이 크기 때문입니다. 반대로 교통이 불편하거나 상권 환경이 좋지 않다면 투자 수익을 기대하기는 어려울 것입니다.

둘째, 예상되는 임대료 수준과 입점 수요를 면밀히 검토해야 합니다. 재건축 이후 상가의 예상 임대료가 높다면 향후 높은 수익을 기대할 수 있습니다. 또한 해당 지역의 상업시설에 대한 수요가 충분하다면 안정적인 입점이 가능할 것입니다. 이러한 요소들을 종합적으로 고려해서 수익성이 높을 것으로 예상되는 재건축 상가를 선별해야 합니다.

셋째, 재건축 계획의 구체성과 진척 상황을 파악해야 합니다. 재건축이 확정되고 구체적인 계획이 수립되어 있다면 투자 리스크가 낮겠지만, 재건축이 지연되거나 무산될 경우 투자자에게 큰 손실을 줄 수 있습니다. 따라서 재건축 계획의 진척 상황을 주기적으로 확인하고 변화에 신속히 대응할 수 있어야 합니다.

이처럼 재건축 상가 투자에 있어서 수익성은 매우 중요한 요소이며, 투자자들은 입지, 임대료, 수요, 재건축 계획 등 다양한 요인을 종합적으로 검토해서 수익성이 높은 재건축 상가를 선별해야 할 것입니다.

재건축 예정 상가 매입 방법(경매와 NPL)

재건축 예정 상가 투자에는 다양한 매입 방법이 있습니다. 이를 통해 최적의 투자 기회를 포착할 수 있습니다.

먼저, 경매를 통한 매입을 고려해볼 수 있습니다. 경매는 일반적으로 시장가보다 저렴한 가격에 상가 부동산을 매입할 수 있는 기회를 제공합니다. 하지만 낙찰받기 위해서는 철저한 사전 조사와 분석이 필요하며, 경매 참여 시 발생할 수 있는 리스크에 대한 대비가 중요합니다. 전문가의 도움을 받아 경매 시장을 면밀히 파악하고, 적절한 입찰 전략을 수립하는 것이 좋습니다.

또한 부실채권 매입을 통해 재건축 상가를 확보하는 방법도 있습니다. 부동산 금융기관이나 개인이 보유하고 있는 부실채권을 매입해 상가 부동산을 확보하는 것입니다. 이 방법은 저가에 상가를 확보할 수 있지만, 부실채권 인수 및 상가 매각 절차에 대한 이해가 필요합니다. 따라서 전문적인 법률 및 세무 자문을 구하는 것이 중요합니다.

증여세를 줄이는 방법

재건축 상가 투자 시 증여세를 절감하는 전략 중 한 방법은 자녀의 이름으로 상가를 매입하는 것입니다. 이 방법은 부모님이 자녀에게 자산을 증여할 때 발생하는 증여세 부담을 줄일 수 있습니다.

증여세는 부모가 자녀에게 재산을 증여할 때 부과되는 세금입니다. 일반적으로 자녀가 성인이 되기 전에 상가를 증여받는 경우 적지 않은 증여세를 납부해야 합니다. 하지만 자녀 명의로 상가를 매입하면 이러한 증여세 부담을 피할 수 있습니다.

자녀 명의 매입 시 부모는 자녀에게 증여할 수 있는 금액 범위 내에서 상가 구입 자금을 지원할 수 있습니다. 이렇게 되면 부모가 자녀에게 직접 상가를 증여하는 것보다 증여세를 크게 줄일 수 있습니다. 또한 자녀 명의로 매입한 상가는 장기적으로 자녀의 재산으로 축적될 수 있습니다.

물론 이 전략을 활용하기 위해서는 여러 가지 고려사항이 있습니다. 자녀의 연령, 자녀 명의 매입에 따른 법적 책임, 자금 조달 방법 등을 면밀히 검토해야 합니다. 그리고 세무 전문가와의 상담을 통해 절세 효과와 관련 규정을 충분히 파악해야 합니다. 이를 통해 재건축 상가 투자 시 세금 문제를 효과적으로 관리할 수 있을 것입니다.

재건축 상가 투자 사례

성공적인 재건축 상가 투자를 위해서는 실제 성공 사례를 살펴보는 것이 중요합니다. 이를 통해 투자자들은 어떠한 전략과 접근 방식이 효과적이었는지 배울 수 있습니다.

대표적인 성공 사례로는 서울 강남구에 위치한 A 상가를 들 수 있습니다. 이 상가의 소유주는 10년 전 재건축 예정을 고려해 상가를 매입했습니다. 당시 상가의 가치가 크지 않았지만, 오랜 시간 동안 임대료를 꾸준히 받아왔습니다. 이후 재건축이 완료되면서 상가의 가치가 크게 상승했고, 소유주는 큰 수익을 얻을 수 있었습니다. 재건축 시기와 지역을 적절히 선택해서 장기간 보유한 것이 성공 요인이었습니다.

또 다른 사례로는 부산 해운대구의 B 상가를 들 수 있습니다. 이 상가의 소유주는 재건축 예정지역을 면밀히 조사한 후, 상대적으로 저평가된 상가를 매입했습니다. 이후 재건축이 완료되면서 상가의 가치가 크게 올랐고, 소유주는 큰 시세차익을 얻을 수 있었습니다. 이 사례에서 핵심은 저평가된 상가를 선별적으로 발굴해서 매입한 것이었습니다.

이와 같은 성공 사례를 통해 재건축 상가 투자자들은 중요한 교훈을 얻을 수 있습니다. 먼저, 장기적인 안목에서 투자 대상을 선정하고 충분한 기간 동안 보유하는 것이 중요합니다. 또한 재건축 예정지역을 면밀히 분석해 저평가된 상가를 발굴하는 것도 성공의 핵심 요인이 될 수 있습니다. 이러한 노력을 통해 재건축 상가 투자자들은 안정적이고 높은 수익을 달성할 수 있을 것입니다.

실패 사례 분석

지금부터 우리는 실패한 재건축 상가 투자 사례를 통해 교훈을 얻어 보도록 하겠습니다. 성공사례만큼이나 실패사례 또한 중요한 학습 자료가 될 수 있습니다.

예를 들어, 최근 서울의 한 재건축 현장에서 발생한 사례를 살펴보겠습니다. 이 투자자는 재건축이 시작되기 전에 상가를 매입했지만, 예상외로 재건축 기간이 길어지면서 큰 손실을 보게 되었습니다. 재건축이 지연되면서 공실이 늘어났고, 임차인들의 계약 해지 요청이 빗발쳤기 때문입니다. 이로 인해 투자자는 예상했던 임대수익을 전혀 얻지 못했고, 오히려 상가 관리 비용까지 부담해야 했습니다. 결국 이 투자자는 결국 큰 손실을 보며 상가를 처분할 수밖에 없었습니다.

또 다른 사례로는 재건축 상가 투자 시 과도한 레버리지를 활용한 투자자를 들 수 있습니다. 이 투자자는 상가 매입을 위해 대출을 과도하게 얻었는데, 예상치 못한 금리 인상으로 인해 큰 이자 부담에 시달리다가 결국 부도 위기에 놓이게 되었습니다. 이처럼 재건축 상가 투자 시 무리한 차입은 치명적인 결과를 초래할 수 있습니다.

이러한 실패 사례를 통해 우리는 재건축 상가 투자 시 주의해야 할 여러 가지 교훈을 얻을 수 있습니다. 우선 재건축 기간에 대한 철저한 사전 분석이 필요하며, 적절한 수준의 레버리지 활용이 중요하다는 점을 알 수 있습니다. 또한 공실 증가나 임차인 계약 해지 등에 대한 대책 마련도 필수적이라고 할 수 있습니다. 이처럼 실패 사례 분석을 통해 우리는 성공적인 재건축 상가 투자를 위한 발판을 마련할 수 있을 것입니다.

성공적인 투자자의 특징

성공적인 재건축 상가 투자의 핵심은 단순히 운이나 기회에 의해 결정되는 것이 아닙니다. 오히려 투자자의 성향, 전략, 그리고 역량이 중요한 역할을 합니다. 성공적인 재건축 상가 투자자들이 공통적으로 지니고 있는 특징들을 살펴보면 다음과 같습니다.

먼저, 이들은 철저한 시장 분석과 조사를 바탕으로 투자 대상을 선택합니다. 단순히 유행이나 인기에 휩싸이기보다는 철저한 데이터 분석을 통해 해당 지역의 수요와 공급, 경쟁 상황 등을 면밀히 파악합니다. 이를 통해 장기적인 투자 가치가 있는 재건축 상가를 발굴해내는 것이 이들의 강점입니다.

또한 성공적인 투자자들은 리스크 관리에 각별한 주의를 기울입니다. 재건축 상가 투자에는 많은 불확실성과 변수가 존재하기 때문에 이들은 철저한 시나리오 분석으로 잠재적인 위험 요인을 미리 파악하고 대응책을 마련합니다. 이를 통해 예상치 못한 상황에서도 안정적으로 포트폴리오를 관리할 수 있습니다.

미래의 재건축 상가 투자 전망

미래의 재건축 상가 투자 전망은 급변하는 부동산 시장에서 매우 중요합니다. 시장 변화에 맞춰 효과적인 투자 전략과 지속 가능한 방안을 모색하는 것이 필요합니다.

1. 시장 변화 예측

재건축 상가 투자 분야에서도 정부의 부동산 정책 변화와 소비자 선호도의 변화가 중요한 요소입니다. 정부는 재건축 절차 간소화와 용적률 완화 등으로 재건축을 활성화하고 있으며, 이러한 정책은 앞으로도 강화될 것으로 보입니다. 또한, 소비자 선호가 대형 아파트에서 중소형 주거 공간으로 이동함에 따라 중소형 상가에 대한 수요가 증가할 것입니다. 비대면 소비 문화의 확산으로 오프라인 상가의 입지도 변화할 것으로 예상되므로, 주거 밀집지역이나 교통 요충지 등 새로운 상권에 대한 분석이 필요합니다.

2. 투자 전략의 변화

부동산 시장의 변화에 따라 재건축 상가 투자 전략도 지속적으로 변경되어야 합니다. 디지털 기술의 발달로 온라인 플랫폼을 통한 투자 기회가 확대되고 있으며, 이를 활용한 신속하고 효율적인 의사결정이 중요해질 것입니다. 또한, 단순한 매입-보유-매도 전략에서 벗어나 복합개발, 리모델링 등 창의적인 접근이 필요합니다. 투자 포트폴리오의 다각화도 중요하며, 재건축 상가 외에도 오피스, 주거, 물류 등 다양한 자산에 투자해서 위험을 분산시켜야 합니다. 지속 가능성도 고려해야 하며, 지역 사회와의 상생과 환경친화적 개발을 통해 장기적인 투자 지속 가능성을 높여야 합니다.

PART

05

집합건물법 재건축
주요 분쟁 사안에 대한
Q & A

집합건물법 재건축 주요 분쟁 사안 Q&A

참조: 대법원 2005. 4. 21. 선고 2003다4969 [총회결의무효확인]

1. 집합건물의소유및관리에관한법률 제49조에 의해 의제된 합의 내용인 재건축 결의의 내용의 변경을 위한 의결정족수는?

재건축 결의에 따라 설립된 재건축 조합은 민법상의 비법인 사단에 해당하므로 그 구성원의 의사 합의는 총회의 결의에 의할 수밖에 없다고 할 것이나, 다만 집합건물의소유및관리에관한법률 제49조에 의해 의제된 합의 내용인 재건축 결의의 내용을 변경함에 있어서는 그것이 구성원인 조합원의 이해관계에 미치는 영향에 비추어 재건축 결의시의 의결정족수를 규정한 같은 법 제47조 제2항을 유추 적용해서 조합원 5분의 4 이상의 결의가 필요하다고 할 것이다.

2. 재건축 결의의 내용을 변경하는 결의가 집합건물의소유및관리에관한법률 제41조 제1항에 의한 서면 결의로 가능할까?

집합건물의소유및관리에관한법률 제41조 제1항은 '이 법 또는 규약에 의해 관리단 집회에서 결의할 것으로 정한 사항에 관해 구분소유자 및 의결권의 각 5분의 4 이상의 서면에 의한 합의가 있는 때에는 관리단 집회의 결의가 있는 것으로 본다'라고 규정하고 있고, 재건축의 결의는 같은 법 제47조 제1항에 의해 관리단 집회에서 결의할 수 있는 사항이므로, 이러한 재건축의 결의는 같은 법 제41조 제1항에 의한 서면 결의가 가능하다고 할 것이며, 나아가 재건축 조합은 대체로 그 조합원의 수가 많고, 재건축에 대한 관심과 참여 정도가 조합원에 따라 현격한 차이가 있으며, 재건축의 과정이 장기간에 걸쳐 복잡하게 진행될 뿐만 아니라 재건축 대상인 건물이 일단 철거된 후에는 조합원의 주거지가 여러 곳으로 분산되는 등의 사정이 있음에 비추어 재건축 결의의 내용을 변경하는 것도 같은 법 제41조 제1항을 유추 적용해서 서면 합의에 의할 수 있다고 할 것이다.

3. 서면 합의에 의한 재건축 결의 내용의 변경이 유효로 되기 위한 요건이란?

재건축 결의 내용의 변경에 집합건물의소유및관리에관한법률 제41조 제1항을 유추 적용할 필요성에 관한 제반 사정들과 같은 법이 서면 합의에 의한 관리단 집회의 결의를 인정하면서 서면 합의의 요건이나 그 절차 및 방법 등에 관해 아무런 제한을 하고 있지 않은 점에 비추어 볼 때, 의결정족수에 영향을 미칠 우려가 있을 정도의 조합원들의 참여 기회가 원천적으로 배제된 채 서면 합의가 이뤄지거나 조합원 5분의 4 이상의 자의에 의한 합의가 성립되었다고 인정할 수 없을 정도의 중대한 하자가 있는 등 특별한 사정이 없는 한 서면 합의에 의한 재건축 결의 내용의 변경은 유효하다.

참조: 대법원 2010. 7. 22. 선고 2009다37183 판결 [소유권이전등기]

4. 집합건물의 소유 및 관리에 관한 법률 제47조의 재건축 결의를 위한 집회와 구 주택건설촉진법 제44조의 재건축 조합 설립을 위한

창립총회가 외형상 1개의 집회로 개최된 경우, 그 재건축 결의가 무효이면 재건축 조합 설립을 위한 창립총회의 결의까지 당연히 무효가 되는지의 여부와 재건축에 동의함으로써 재건축 조합원이 된 자의 권리의무는 무엇인가?

재건축 결의가 무효라고 하더라도 이로써 곧 재건축 조합 설립을 위한 창립총회의 결의까지 당연히 무효가 된다고는 할 수 없으며, 조합규약에 동의하고 조합장 선출, 시공사 선정의 안건에 동의함으로써 조합이 설립되었다고 할 것이므로, 조합의 조합원은 재건축 사업의 원활한 수행을 위해 그 소유 부동산에 관해 신탁을 원인으로 한 소유권 이전기절차를 이행하고, 해당 부동산을 인도할 의무가 있다.

**참조 : 대법원 2006. 2. 23. 선고 2005다19552,19569 판결
[구분소유권등매도청구등]**

5. 재건축 조합 설립 당시에는 조합원 수가 총 구분소유자의 과반수에 미달해도 가능할까?

재건축 조합 창립총회의 개의정족수가 총 구분소유자의 과반수에 이르러야 하는 재건축 조합이 최초 설립 당시부터 총 구분소유자의 과반수 이상을 조합원으로 삼아야만 설립될 수 있는 것은 아니며, 재건축 조합 설립 당시에는 조합원 수가 총 구분소유자의 과반수에 미달했다고 하더라도 그들이 우선 비법인사단의 실체를 갖춘 재건축 조합을 설립한 다음에 다른 구분소유자들이 조합규약 등에 동의해 재건축 조합에 가입하는 것도 얼마든지 가능하다는 이유로, 재건축 조합 창립총회의

개의정족수가 총 구분소유자의 과반수에 이르러야 하는 것은 아니다.

6. 최초의 관리단 집회에서 재건축에 필요한 정족수를 충족하지 못했으나 그 후 재건축 추진 과정에서 구분소유자들이 재건축에 동의하는 취지의 서면을 별도로 제출함으로써 재건축 결의 정족수를 갖추게 된 경우, 이러한 서면 결의가 재건축 결의로서 유효할까?

당초 무효인 재건축 결의가 그 후 일부 구분소유자의 재건축에 대한 추가 동의로 유효하게 될 수는 없으나, 재건축에 동의할 것인가는 구분소유자들로서는 쉽게 결정할 수 없는 사안이라는 점과 반드시 서면에 의한 동의가 강제되는 것은 아니더라도 실무상 비법인사단으로서의 재건축 조합 설립을 통한 재건축의 경우 서면에 의해 재건축 동의의 의사표시가 이뤄지고 있다는 점에 비추어, 유효한 재건축 결의가 있었는지 여부는 반드시 최초의 관리단 집회에서의 결의에만 한정해볼 것은 아니고, 비록 최초의 관리단 집회에서의 재건축 동의자가 재건축에 필요한 정족수를 충족하지 못했다고 하더라도 그 후 이를 기초로 재건축 추진과정에서 구분소유자들이 재건축에 동의하는 취지의 서면을 별도로 제출함으로써 재건축 결의 정족수를 갖추게 된다면 그로써 관리단 집회에서의 결의와는 별도의 재건축 결의가 유효하게 성립한다고 보아야 할 경우가 있으며, 그와 같은 서면 결의를 함에 있어서는 따로 관리단 집회를 소집·개최할 필요가 없다.

7. 집합건물의 소유 및 관리에 관한 법률 제47조 제3항에 규정된 건물의 철거 및 신건물의 건축에 소요되는 비용의 개산액과 그 분담에 관한 사항을 정하는 방법은 무엇인가?

집합건물의 소유 및 관리에 관한 법률 제47조 제3항에 의하면 재건축 결의를 할 때는 건물의 철거 및 신건물의 건축에 소요되는 비용의 개산액과 그 분담에 관한 사항 등을 정해야 한다고 규정하고 있는 바, 위 재건축 비용의 개산액과 분담에 관한 사항은 구분소유자들로 하여금 상당한 비용을 부담하면서 재건축에 참가할 것인지, 아니면 시가에 의해 구분소유권 등을 매도하고 재건축에 참가하지 않을 것인지를 선택하는 기준이 되는 것이므로 재건축 결의에서 누락해서는 아니 되는 것이기는 하나, 이를 정하는 방법은 재건축의 실행 단계에서 다시 비용 분담에 관한 합의를 하지 않아도 될 정도로 그 분담액 또는 기준을 정하면 족하다.

8. 집합건물의 소유 및 관리에 관한 법률 제48조 제1항의 '최고'를 함에 있어 그 최고서에 재건축 결의사항이 구체적으로 적시되지 않았지만 재건축 결의 사항이 재건축 추진 과정 등에서 최고 대상자들에게 널리 알려지고 그에 따라 재건축 참가의 기회가 충분히 부여된 경우, 그 최고가 적법할까?

집합건물의 소유 및 관리에 관한 법률 제48조에 의하면 재건축 결의에 찬성하지 아니하는 구분소유자에 대해 매도청구권을 행사하기 위한 전제로서의 최고는 반드시 서면으로 해야 하는 바, 이는 최고를 받은 구분소유자가 재건축 결의의 구체적 사항을 검토해서 재건축에 참가할지 여부를 판단하도록 하기 위한 것이므로 최고서에는 재건축 결의 사항이 구체적으로 적시되어 있어야 하나, 다만 그러한 사항들이 재건축 사업의 추진 과정에서 총회의 결의나 재건축에의 참여 권유 또는 종용 등을 통해 최고의 대상자들에게 널리 알려지고, 소송의 변론 과정에서도 주장이나 입증 등을 통해 그 내용이 알려짐에 따라 재건축 참가의 기회가 충분히 부여되었다면, 재건축 결의사항이 누락되었다고 하더라도 그 참가 최고는 적법하다.

참조 : 대법원2006. 11. 23. 선고2005다68769, 2005다68776 판결 [매도청구·재건축 결의무효확인]

9. 하나의 단지 내에는 여러 동의 건물이 존재한다. 그 대지가 건물 소유자 전원의 공유에 속해 단지 내 건물 전부를 일괄해서 재건축하고자 하는 경우에는 각각의 건물마다 재건축 결의 요건을 갖춰야 한다.
이미 일부 동에 대해서만 재건축 결의 요건을 갖춘 경우 나머지 동의 재건축 결의가 갖춰지지 않았다고 하더라도 요건을 갖춘 해당 동의 소유자에 대해는 매도청구권을 행사할 수 있는가?

집합건물의 소유 및 관리에 관한 법률 제47조, 제48조에서 매도청구권을 규정한 이유는 수인이 구분소유하고 있는 한 동의 건물에 관해 재건축이 필요하게 된 경우에 그 건물이 물리적으로 일체 불가분인 점에 근거해서 다수결의 원리에 의해 구분소유권의 자유로운 처분을 제한해 건물 전체의 재건축을 원활하게 하기 위한 것이므로, 하나의 단지 내에 여러 동의 건물이 있고 그 대지가 건물 소유자 전원의 공유에 속해 단지 내 여러 동의 건물 전부를 일괄해서 재건축하고자 하는 경우에는 각각의 건물마다 그 구분소유자의 4/5 이상의 다수에 의한 재건축 결의가 있어야 하고, 그와 같은 요건을 갖추지 못한 이상 단지 내 건물 소유자 전원의 4/5 이상의 다수에 의한 재건축 결의가 있었다는 것만으로 재건축에 참가하지 아니하는 자에 대해 법 제48조에 규정된 매도청구권을 행사할 수는 없다. 다만, 하나의 단지 내에 있는 여러 동의 집합건물을 재건축하는 경우에 일부 동에 재건축 결의의 요건을 갖추지 못했지만 나머지 동에 재건축 결의의 요건을 갖춘 경우 그 나머지 동에 대해서는 적법한 재건축 결의가 있었으므로 그 나머지 동의 구분소유자 중 재건축 결의에 동의하지 아니한 구분소유자에 대해 매도청구권을 행사할 수 있다.

10. 일부 위조된 재건축 결의에 따라 진행된 재건축 절차에 대해 구분소유자들이 어떻게 대응했는지에 대한 사례가 있는가?

C 재건축 위원회는 안산시 단원구에 위치한 건물과 그 대지를 관리하기 위해 설립되었으며, 이 건물의 재건축을 추진하는 비법인 단체다.

C 재건축 위원회는 2021년 11월 11일 안산시장에게 재건축 허가를 신청하면서 구분소유자들의 동의를 증명하는 서류를 제출했다. 이에 따라 안산시는 2022년 7월 5일 건축 허가를 내렸다. 이후 C 재건축 위원회는 2022년 7월 19일 재건축에 미동의한 구분소유자들에게 재건축 결의 내용을 통지하고 참여 여부를 물었다.

그러나 재건축에 미동의한 구분소유자들은 2022년 수원지방법원에 행정소송을 제기해 건축 허가 처분의 취소를 요구했고, 법원은 2024년 2월 7일 해당 처분이 무효임을 확인했다. 또한 재건축에 미동의한 구분소유자는 2023년에 C 재건축 위원회을 상대로 재건축 결의의 무효를 확인하는 소송을 제기했고, 법원은 2024년 4월 4일 결의가 무효임을 확인했다.

C 재건축 위원회는 재건축에 미동의한 구분소유자가 재건축에 동의하지 않았기 때문에 집합건물법 제48조 제4항에 따라 매도청구권을 행사할 수 있다고 주장했다. 그러나 법원은 매도청구권은 유효한 재건축 결의가 있어야만 행사될 수 있음을 명확히 했고, 이 사건의 재건축 결의가 위조된 서류로 인해 무효라고 판단했다.

11. 재건축 결의가 '재건축 결의'라는 용어를 사용하면서 집합건물법 상의 재건축 결의에 관한 절차에 따라 이뤄졌다 하더라도, 그 실질에 있어서는 집합건물법 제47조 제1항이 정하고 있는 재건축 결의에 해당한다고 보이지 않는 경우는?

집합건물법 제47조 제3항은 재건축 결의를 할 때는 '① 새 건물의 설계 개요, ② 건물의 철거 및 새 건물의 건축에 드는 비용을 개략적으로 산정한 금액, ③ 비용 분담에 관한 사항, ④ 새 건물의 구분소유권 귀속에 관한 사항'을 정해야 한다고 정하고 있으며, 그중 '비용의 분담에 관한 사항'은 구분소유자들로 하여금 상당한 비용을 부담하면서 재건축에 참가할 것인지, 아니면 시가에 의해 구분소유권 등을 매도하고 재건축에 참가하지 않을 것인지를 선택하는 기준이 되는 것으로서 재건축의 실행 단계에서 다시 비용 분담에 관한 합의를 하지 않아도 될 정도로 그 분담액 또는 산출기준을 재건축 결의에서 정해야 하고, 이를 정하지 아니한 재건축 결의는 특별한 사정이 없는 한 무효다.

구분소유자가 재건축에 동의하더라도 재건축 사업에 참가할 수는 없고 단지 자신의 구분소유권을 일정한 조건의 금액에 의해 매도해야 한다는 등의 사유로 '비용 분담에 관한 사항'과 '새 건물의 구분소유권 귀속에 관한 사항'을 정하지 않으며, 매수인(시행사)이 사업 비용 전부를 부담한다는 것과 새 건물의 구분소유권이 매수인(시행사)에게 전부 귀속되고 구분소유자가 재건축에 동의하더라도 재건축 사업에 참가할 수는 없다. 단지 자신의 구분소유권을 일정한 조건의 금액에 의해 매도해야 한 다는 것 등의 사유로 '비용 분담에 관한 사항'과 '새 건물의 구분소유권 귀속에 관한 사항'을 정하지 않고, 매수인(시행사)이 사업 비용 전부를 부담한다는 것과 새 건물의 구분소유권이 매수인(시행사)에게 전부 귀속되고 건물 구분소유자들에게는 이를 분양하지 않는다는 것이 '새 건물의 구분소유권 귀속에 관한 사항'에 해당한다고 볼 수도 없기 때문에 통상적인 부동산 매매 계약의 내용과 다를 바 없는 재건축 결의는 사실상 일부 구분소유자들이 모여 이 사건 건물의 구분소유권을 매수인(시행사)에게 매도한다는 결의를 한 것에 불과하므로 집합건물법 제47조 제1항이 정하고 있는 재건축 제도의 취지에 부합한다고 볼 수 없다. 이러한 내용의 재건축 결의까지도 유효하다고 본다면, 기존 집합건물의 구분소유자들은 신축집합건물의 구분소유권을 취득할 기회도 가지지 못한 채 집합건물법의 규정에 의해 자신의 구분소유권을 부동산 전문개발사업자 등에게 강제로 매도당해 재산권이 함부로 침해될 우려가 있고, 집합건물을 매수해서 철거한 후 새 건물을 건축하려는 사업자는 재건축에 동의하는 일부 구분소유자에게만 시가보다 높은 매매 가격을 제안하는 등의 방법으로 재건축 동의를 부당하게 유인할 우려도 있기에 무효가 될 여지가 상당하다.

대법원1999.10.22. 선고97다49398판결 [소유권이전등기]

12. 재건축 조합 명의로 매도청구권을 행사하는 소송을 제기함에 있어 조합원총회의 결의를 거쳐야 할까?

집합건물의소유및관리에관한법률 제48조 제1항 내지 제4항의 규정에 따르면, 같은 법 제47조 제1항의 규정에 따른 재건축의 결의와 그 결의에 찬성하지 아니한 구분소유자에 대한 최고를 거친 후에 재건축의 결의에 찬성한 각 구분소유자, 재건축의 결의 내용에 따른 재건축에 참가할 뜻을 회답한 각 구분소유자 또는 이들 전원의 합의에 의해 구분소유권 및 대지사용권을 매수하도록 지정된 자(매수지정자)는 재건축에 참가하지 아니하는 뜻을 회답한 구분소유자에 대해 구분소유권 및 대지사용권을 시가에 따라 매도할 것을 청구할 수 있으므로, 재건축 조합의 규약상 당해 재건축 조합이 재건축의 결의에 찬성한 각 구분소유자 전원의 합의에 의한 매수지정자라고 볼 수 있는 경우에는 위 재건축 조합 명의로 매도청구권을 행사하는 소송을 제기함에 있어서 조합원총회의 결의를 거치지 않았다고 하더라도 그 소는 부적법한 것이 아니다.

13. '여러 필지의 다수의 동이 존재하는 공동주택과 같은 소규모주택의 재건축 사업에 관해서는 소규모주택정비법이 집합건물법에 우선해서 적용되어야 하므로, 구분소유자들은 소규모주택정비법이 정한 절차에 따라 재건축 사업을 시행할 수 있을 뿐 집합건물법에 따라서는 재건축을 할 수 없다'라는 주장은 어떠한가?

소규모주택정비법 제3조 제1항이 소규모주택정비사업에 관해 다른 법률에 우선해서 소규모주택정비법을 적용한다고 규정하고 있고, 해당 주택이 소규모 주거용 집합건물인 점은 다툼이 없다 하더라도, 집합건물법은 주로 특정 집합건물의 재건축에 관해 구분소유자들 상호간의 사법적 관계의 규율에 초점을 맞추는 반면, 도시 및 주거환경정비법(이하 '도시정비법'이라 한다) 내지 소규모주택정비법은 주로 특정 지역의 주거환경 개선이라는 공익적 차원에서 행정관청의 각종 인허가 등 공법적 관계의 설정에 주안점을 두고 있다. 또한 그 규율 대상에 있어서도 집합건물법은 구분소유의 대상이 되는 건물인 이상 그 용도나 규모를 불문하고 재건축의 대상으로 삼을 수 있는 반면, 도시정비법 내지 소규모주택정비법의 경우 그 용도나 규모에 관해 일정한 제약이 가해지는 등 위 각 법률은 그 법률의 목적이나 성격, 규율 대상을 달리하는 점이 있으며, 소규모주택정비법에 따르면, 소규모주택정비사업은 '소규모주택정비사업법에서 정한 절차에 따라 대통령령으로 정하는 요건에 해당하는 지역에서 시행하는 소규모주택 재건축 사업 등'을 의미하므로(제2조 제3호), 집합건물법 등 다른 법령에서 정한 절차에 따라 시행되는 소규모주택의 재건축은 소규모주택정비법이 정한 소규모주택정비사업에 해당하지 않는다고 할 것이고, 소규모주택정비법이 소규모주택에 관해 소규모주택정비법이 정한 절차 외에 다른 법령에 따른 재건축을 금지 내지 제한하는 취지라고 보기는 어려워 해당 주택이 소규모주택정비법이 정한 소규모주택 재건축 사업의 요건에 해당하더라도, 구분소유자들은 집합건물법 제47조에서 정한 재건축 결의에 따라 재건축을 시행할 수 있다.

PART 06

안산 백운동 상가
연합재건축 사업계획(안)
및 안내서 소개

연합재건축 결의 및
연합재건축 위원회 가입 동의서

뭉치면 랜드마크!
연합의 힘으로 우리의 미래를 재건합니다!

시공사 현대건설, 대우건설, GS건설, 롯데건설 중 1개사 선정

백운동 상가 연합재건축 추진위원회

JDC○○산업개발(주)

연합재건축 사업 결의 및 연합재건축 위원회 회원가입 동의서

1. 상가 구분소유자 인적사항

성명		생년월일	
		전화번호	
주민등록상 현주소			

2. 소유상가 구분소유권 현황 (건물명 : 　　　　　　　　　　)

	소재지(공유 여부)	등기상 면적(㎡)
토지 (대지권)	경기도 안산시 단원구 백운동 846 (-　　　)번지	(총면적 합산 표기)
	소재지(허가 유무)	**등기상 면적(㎡)**
건물 (구분소유권)	경기도 안산시 단원구 백운동 846 (-　　　) 번지　　　　호 외, _____	(총면적 합산표기)
지상권 (건축물 외의 수목 또는 공작 물 소유 목적)	**설정 토지**	**지상권의 내용**

(각 동의 연합재건축 결의 참가 여부에 따라 사업구역은 변경될 수 있음)

3. (연합)재건축 위원회 설립 및 연합재건축사업의 내용 동의

가. 사업구역의 명세

소재지 및 지번	건축물대장 연면적		토지 면적
	m²	평	m²
백운동 846번지 보성프라자	17,019.26	5,148.33	3,655.40
백운동 846-1번지 로얄종합상가(A동)	6,237.99	1,886.99	3,784.10
백운동 846-1번지 남양상가(B동)	4,182.16	1,265.10	
백운동 846-4번지 베스트프라자	15,946.61	4,823.85	3,639.00
백운동 846-9번지 보성상가	9,464.99	2,863.16	3,746.70
계	52,851.01	15,987.43	14,825.20

(각 동의 연합재건축 결의 참가 여부에 따라 사업구역은 변경될 수 있음)

나. 새 건물의 설계 개요

대지면적	실사용 면적	건축 연면적	규모
14,825.20㎡	14,825.20㎡	216,244.02㎡	지하 7층 ~ 지상 49층

상가 시설 : 61,637.64㎡ / 주거시설 : 84㎡(A, B타입 총 870세대)

(각 동의 연합재건축 결의 참가 여부 및 사업인허가 과정에서 변경될 수 있음)

다. 건물철거 및 새 건물의 건축에 드는 비용의 개산 액

신축비	기타사업비용(철거비용 포함)	합계
528,727,934천 원	189,803,316천 원	718,531,250천 원

(각 동의 연합재건축 결의 참가 여부 및 사업인허가 과정에서 변경될 수 있음)

4. 비용의 분담에 관한 사항

① 연합재건축 사업은 연합재건축 결의에 동의하시는 구분소유자(이하 '회원'이라 함)분들의 **재건축 분담금을 제로(분담금 없음)**로 하는 확정지분제 방식을 유추 적용하여 시행사가 재건축 관련 소요되는 사업 제반 비용을 모두 부담합니다. 회원은 연합재건축에 출자하는 종전 소유한 구분소유권의 분양 면적 대비 동일한 분양 면적을 관련 법규 및 연합재건축 추진위원회가 정하는 규약에 따라 **별도의 분담금 없이 새 건물의 상가를 대물로 제공**받습니다.

또한, 각 동의 이익 보호 및 형평성을 유지하기 위해 독립 정산제와 제자리 재건축 방식을 원칙으로 합니다. 각 동마다 다른 전용률과 대지 지분율, 종전 상가의 위치와 평수를 고려하여 대물(종전 소유한 분양 면적 대비 새 건물의 동일한 분양 면적을 제공함)로 제공받는 상가의 면적 기준을 증대하거나 현금으로 추가 보상하는 방식으로 형평성을 유지합니다.

그 외 기타 사항은 연합재건축 결의 후 관리처분 총회에서 합리적으로 결정합니다.

② 위 ①항에 따라 연합재건축 사업의 개발 이익은 시행사로 귀속됩니다.

③ '연합재건축 결의에 동의하시는 위원회 회원' 구분소유자가 소유한 종전 자산의 가치는 감정평가를 통해 연합재건축 위원회 규약 또는 관계 법령이 정하는 형평의 원칙에 따라 산정합니다.

④ 연합재건축결의 및 연합재건축의 사업계획승인 과정에서 소요되는 일체의 사업제반비용은 시행사의 자금으로 충당하고 사업계획승인에 따라 시공사에 지급할 공사 금액 및 그 외 연합 재건축 사업 관련 제반 비용은 새 건물의 복리시설(대불 분양 분 제외) 및 주택시설의 일반 분양 수입금과 사업계획승인(건축 허가 완료) 이후 시공사의 책임 준공 등의 조건으로 시행사 보유분 및 연합재건축 사업에 회원 등이 출자한 구분소유권 등을 신탁사 및 금융기관에 제공하고 PF대출을 통해 자금을 조달하여 연합재건축 사업을 시행합니다.

5. 새 건물의 구분소유권 귀속에 관한 사항

① 신축되는 새 건물에 대한 연합재건축 위원회 회원 간의 구분소유권 배정은 연합재건축 위원회 회원 전원의 동의에 따른 결정을 최우선으로 하며, 다음으로 관계 법령을 우선 적용하고, 그 외 사항은 연합재건축 위원회 규약의 관리처분 계획에 따릅니다.

② 사업 시행 후 대물로 제공받을 상가의 면적은 종전 소유한 상가의 분양(공급) 면적을 기준(4.비용의 분담에 관한 사항 ① 항 적용)으로 하되, 증감이 불가피한 경우에는 추가 분담금을 지불하거나 시가에 따른 보상금을 지급받는 등 연합재건축 위원회 규약에 따라 정하며, 새 건물의 대지 지분은 관련 법규에 따른 새 건물의 연면적 대비 전용면적 비례에 따라 공유 지분으로 각 분양합니다.

③ 법령과 연합재건축 위원회 규약이 정하는 바에 따라 '연합재건축 위원회 회원'에게 새 건물의 상가(판매시설)를 우선 제공하고, 남는 주택 및 상가 등은 일반 분양합니다.

④ 토지와 건축물은 재건축 사업 완료 후 관계 법령 및 연합재건축 위원회 규약에 따라 '연합재건축 위원회 회원' 및 일반 분양자에게 소유권 이전 등기하고, 잔여 토지와 건축물은 시행사 명의로 소유권 이전 등기합니다.

6. (연합)재건축 위원회 임원단 선정

(연합)재건축 위원회 회장 및 각 동별 재건축 위원장 선정은 (연합)재건축 추진위원회에서 추천한 임원을 임시로 선정합니다. 각 동의 재건축 위원회 대표자(위원장)는 이미 선정된 경우를 제외하고, 각 동의 재건축위원회 총회(연합재건축에 동의하는 구분소유자 총회) 또는 각 동의 구분소유자 과반수 이상의 동의에 따라 위원장을 선정합니다. 또한, 각 동의 재건축 위원장의 과반수 이상의 동의를 통해 연합재건축 위원회 회장을 임명하며, 나머지 각 동의 재건축 위원장은 연합재건축 위원회 부회장으로 임명됩니다.

(건물명 :   )의 재건축 위원장으로 _____ 를 선정함에 동의합니다.

7. (연합)재건축 위원회 규약 승인 동의

(연합)재건축 위원회 규약에 동의하며, 신의성실의 원칙에 따라 이를 준수합니다. 규약이 변경될 경우, 이의 없이 동의합니다.

※ (연합)재건축 위원회 규약은 별도로 첨부합니다.

8. 연합재건축 사업계획(안) 동의

(연합)재건축 위원회에서 작성한 사업계획서(안)을 충분히 숙지하고, 해당 계획에 따라 재건축 사업을 진행하기로 동의합니다. 향후 사업구역의 변경, 용적률의 변경 등으로 사업계획이 변경될 경우, 연합재건축 총회에서 규약에 따라 변경하는 것에 동의합니다.

※ 사업계획서(안)는 별도로 첨부합니다.

9. ○○산업개발㈜을 연합재건축사업 시행사 및 집합건물법 제48조의 '매수지정자'로 정하는 것에 동의합니다. 단, 동의하는 조건은 다음과 같습니다.

가) 연합재건축 결의서 '4. 비용의 분담에 관한 사항'과 '5. 새 건물의 구분소유권 귀속에 관한 사항'에 대한 시행사의 의무를 다하는 조건

나) 정당한 사정이 없는 한 건축 심의 통과 후 120일 이내에 연합재건축 사업의 시공사를 1군 시공사로 확정하는 조건

다) 시행사와 연합재건축 추진위원회 간의 약정은 시행사의 귀책 사유 발생 시 연합재건축 추진위원회의 규약에 따라 해지할 수 있는 조건

10. 동의 내용

위와 같이 본인은 연합재건축사업 사업구역 안의 구분소유자 등으로서 연합재건축 사업계획(안) 및 연합재건축 위원회 규약을 숙지하고, 연합재건축사업에 필요한 집합건물의 소유 및 관리에 관한 법률 제47조 (재건축의 결의) 등에 의거하여 연합재건축 결의 찬성 동의하여 (연합)재건축추진위원회 회원에 가입하고자 합니다.

아울러 제3호의 '(연합)재건축 추진위원회 설립 및 연합재건축사업 내용 동의'는 안산시 지구단위계획 수립 및 변경, 사업구역의 확대, 사업계획승인 내용, 시행자 등과의 계약 내용 및 제 사업이 지출 내용에 따라 변경될 수 있으며, 동 내용이 변경되거나 조정이 필요할 경우 추후 (연합)재건축 추진위원회 총회에서 의결된 내용으로 변경키로 하고 (연합)재건축 추진위원회 총회에서 결정된 내용에 대하여 별도 동의서 제출 없이 본 동의서로 갈음하는 것에 동의합니다.

※ 첨부: 신분증 사본
　 각 동의 연합재건축 결의 후 (연합)재건축 위원회에서 재건축 결의(동의서)에 인감도장 날인 및 인감증명서를 요청하면 추가로 제출하겠습니다.

2025년　　　월　　　일

위 동의자 :　　　　　　　(인)　　　(자필 서명)　　(우 무 인)

백운동 상가 연합재건축 추진위원회 귀중

대표회원 선임동의서

소유권 표시

건물명	
구분 소유권	경기도 안산시 단원구 백운동 846 (-)번지 호 외, _____
등기상 건축물 지분 (총면적)	m²

상기 소유 물건의 공동 소유자는 _____을 대표회원으로 선임하고 백운동 상가 연합 재건축 추진위원회와 관련한 소유자로서의 법률행위는 대표소유자가 행하는 데 동의합니다.

2025년   월   일

- **대표자(선임수락자)**

  성명 :   (인)인감날인
  주민등록번호 :
  전화번호 :

- **대표자(동의자)**

  ① 성명 :   (인)인감날인
     주민등록번호 :
     전화번호 :

  ② 성명 :   (인)인감날인
     주민등록번호 :
     전화번호 :

첨부 : 대표자 및 위임자 인감증명서 각1부

※공유자가 많은 경우 상기 내용으로 별지 작성하여 첨부할 것

백운동 상가 연합재건축 추진위원회 귀중

연합재건축 위원회 회원가입 및
연합재건축 결의를 위한 안내서

뭉치면 랜드마크!
연합의 힘으로 우리의 미래를 재건합니다!

시 공 사   현대건설, 대우건설, GS건설, 롯데건설 중 1개사 선정

백운동 상가 연합재건축 추진위원회
JDC○○산업개발(주)

목차

I. (연합)재건축 관련 안내 및 인사말

백운동상가 연합재건축 추진위원회

JDC○○산업개발(주)

뭉치면 랜드마크! 연합재건축은 규모가 클수록 프리미엄이 높아집니다!

1. 2024. 10. 22 '원곡지구' 지구단위계획 재결정 및 5동 연합재건축 프리미엄 확정!

친애하는 구분소유자 여러분, 여러분의 가정에 항상 행복과 기쁨이 가득하시길 바랍니다.

백운동 상가 연합재건축 추진위원회(이하 '연합재건축 추진위원회')는 2021년 2월 19일 안산 '원곡지구'에 지정된 지구단위계획이 3년 이내에 수립되지 않아 2024년 2월 19일 실효되었다는 점을 알려드립니다. 이에 따라 '원곡지구'의 토지 이용을 합리화하고, 기능을 증진시키며, 경관 개선 등을 위해 기존 용적률이 상향되고 여러 동이 통합재건축을 할 경우 추가로 용적률 프리미엄이 적용된다는 등의 안산 일반상업지역에 대한 지구단위계획이 재결정되었습니다(안산시 공고 제2024-250호, 2024. 10. 22.). 안산시는 '원곡지구' 내 상가들이 통합하여 재건축될 수 있도록 적극 권장하고 있으며, 이에 따른 용적률 프리미엄 및 행정 절차(건축 인허가 등)의 편리함을 지원하고 있습니다. 이를 통해 백운동 상가 연합재건축 추진위원회는 새로운 랜드마크가 될 주상복합단지를 신축하고자 합니다.

2. 연합재건축만이 유일한 길입니다!

연합재건축 추진위원회는 여러 관계 기관과 재건축 전문가들의 의견을 수렴하고, 대기업 건설사의 시공 참여 의사를 타진한 결과, '연합재건축만이 유일한 길이다'라는 결의를 하게 되었습니다. 보성프라자, 베스트프라자, 보성상가, 로얄종합상가, 남양상가 총 5동의 건물을 통합하여 집합건물의 소유 및 관리에 관한 법률(이하 '집합건물법')에 따른 (연합)재건축 결의를 추진하고자 합니다.

3. 연합재건축만의 우수한 장점!

최대 5동의 연합재건축이 진행될 경우, 용적률 프리미엄이 최소 20% 이상 추가 적용됩니다. 이로 인해 신축 건물의 연면적이 증가하여 구분소유자 여러분의 재건축 부담금이 해소되며, 사업 규모가 커짐에 따라 1군 건설사가 적극 참여할 수 있습니다.

또한, 각 동의 주차장 진출입로를 일원화하여 사업 부지를 효율적으로 활용하고, 백화점 및 영화관 등의 대규모 상업시설을 유치하여 백운동 상가의 수준을 한층 더 높일 수 있습니다.

무엇보다 재건축 과정에서 발생할 수 있는 민원(일조권, 소음, 경계 분쟁 등)을 사전 차단하여 재건축 중에 발생할 수 있는 사업 지연, 공사 중단 등의 상당한 리스크를 해소할 수 있습니다.

4. 뭉치면 랜드마크! 연합하면 1군 시공사 참여! 함께하면 재건축 분담금이 제로!

연합재건축의 결과는 1군 건설사가 적극참여하여 시공하며 재건축 분담금 없이 안산의 랜드마크로 신축되어 매출 증대와 임대료 상승! 결국, 우리 모두의 재산 가치는 수직상승하게 될 것입니다!

5. 개별 재건축의 단점!

현재 대규모 주택 개발 사업에서도 1군 건설사가 책임 준공을 회피하는 상황입니다. 개별 재건축 사업은 사업성이 저하되어 1군 건설사의 참여가 매우 어렵고, 대규모 상업시설의 부재로 재산 가치가 하락할 위험이 큽니다. 또한, 인접 건물과의 민원으로 인해 공사가 지연되거나 중단되며, 이로 인해 피할 수 없는 추가 분담금이 발생하는 경우도 있습니다.

6. 연합재건축이 더 빠릅니다!

2024년 12월 20일 시작된 각 동의 연합재건축 결의(동의)는 행정기관의 권고사항으로 여러 지원이 뒷받침될 것이며, 더 빠르게 재건축 결의가 이루어지고, 건축 심의도 더 빠르게 통과될 것입니다. 2025년 하반기에는 사업계획 승인(건축허가)을 완료하여 분양률 100%를 달성하고, 2026년에 착공하여 안전하게 준공될 것입니다.

7. 연합재건축은 공정하고 부담이 없습니다!

연합재건축 사업은 회원 분들의 재건축 분담금을 제로로 하는 확정지분제 방식과 각 동의 이익 보호 및 형평성을 유지하기 위해 독립 정산제와 제자리 재건축 방식을 원칙으로 합니다. 각 동마다 다른 전용률과 대지 지분률, 기존 상가의 위치와 평수를 고려하여 대물로 제공받는 상가의 면적을 조정하거나 현금으로 추가 보상하는 방식으로 형평성을 유지할 것입니다. 상세한 사항은 연합재건축 결의 후 관리처분총회에서 합리적으로 결정될 예정입니다.

8. 연합재건축 시행사 및 매도청구권의 매수 지정자 내정!

연합재건축 추진위원회는 ○○산업개발㈜을 연합재건축 사업의 시행사 및 매도청구권의 '매수 지정자'로 내정했습니다. 시행사는 연합재건축 사업에 소요되는 모든 비용을 부담하며, 개발 이익은 시행사에 귀속됩니다. 또한, 시행사는 1군 시공사의 책임 준공을 확정하고 관련 법규 및 연합재건축 위원회가 정한 규약에 따라 사업을 시행해야 합니다. 신축되는 상가의 활성화를 위한 키 테넌트(핵심 점포) 유치를 통해 회원들이 안정된 임대 수익을 얻을 수 있도록 다양한 지원 대책도 마련할 것입니다.

9. 연합재건축 사업에 대한 안내

연합재건축 예정 사업구역 내 각 동의 구분소유자 여러분께서는 본 안내서를 충분히 숙지해주시기 바라며, 앞으로 열릴 연합재건축 사업 설명회에 적극 참여해주시고 연합재건축 결의서 및 연합재건축 위원회 회원가입 동의서 제출에 적극적으로 참여해주시길 부탁드립니다.

현재 개별 재건축을 추진하고 있는 건물이 있으며, 각 동별 연합재건축 참여 의사를 최종 확인한 후 그에 따른 건축 설계의 범위가 확정되면 2025년 상반기 건축 심의를 완료하고, 2025년 하반기 사업계획 승인(건축 허가)을 통해 분양률 100% 달성과 함께 2026년 착공될 수 있도록 성원해주시기 바랍니다.

감사합니다.

2024년 12월 20일

백운동 상가 연합재건축 추진위원회

연합재건축 시행사 ○○**산업개발㈜**

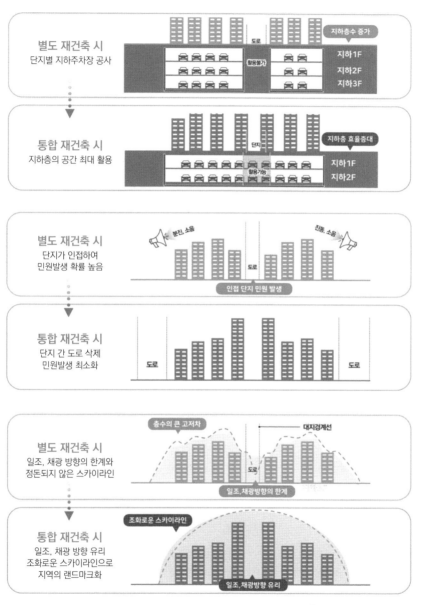

별도 재건축 시
단지별 지하주차장 공사

통합 재건축 시
지하층의 공간 최대 활용

별도 재건축 시
단지가 인접하여
민원발생 확률 높음

통합 재건축 시
단지 간 도로 삭제
민원발생 최소화

별도 재건축 시
일조, 채광 방향의 한계와
정돈되지 않은 스카이라인

통합 재건축 시
일조, 채광 방향 유리
조화로운 스카이라인으로
지역의 랜드마크화

출처 : 저자 제공(이하 동일)

II. 연합재건축 사업의 추진 절차

백운동 상가 연합재건축 추진위원회

●JDC○○산업개발(주)

1. 각 동의 재건축 위원장 선임 및 연합재건축 위원회 설립 절차

- 구분소유자분들을 위한 연합재건축 사업안내서 배포 및 연합재건축 사업설명회
- 연합재건축 위원회(임의단체) 설립을 위한 창립총회 개최(임원 등 선임, 연합재건축 위원회 규약 확정)
- 연합재건축 위원회(임의단체) 사업자등록

연합재건축 위원회 규약(안) 연합재건축 사업계획(안) ※ 안내서 배포 및 사업설명회 개최	동의서 징구 & 창립총회 연합재건축 위원회 설립 ※ 임원선출 및 사업자 신청

2. '연합재건축 결의' 절차

- 새 건물의 설계 개요
- 건물의 철거 및 새 건물의 건축에 드는 비용
- '연합재건축 위원회 회원'의 비용 분담에 관한 사항
- 새 건물의 구분소유권 귀속에 관한 사항
- 시행사(매수 지정자) 및 연합재건축 위원회 임원의 관한 사항
- 위 사항들에 대한 각 동별 구분소유자 및 의결권의 5분의 4 이상의 동의로 **'재건축 결의'**
  (재건축 위원회 총회 참가를 통한 결의 / 서면결의서 제출 / 전자 방식 참여도 가능함)
- 각 동별 **'재건축 결의'** 완료 후 각 동별 미동의자에 대한 매도청구권 행사

재건축 결의
※구분소유자 및
의결권의 5분의 4상

3. 건축심의 및 관리처분총회 결의

- 건축심의 신청
- 종전 자산감정평가
- 관리처분계획수립 및 관리처분계획 구분소유자 통지
- 관리처분총회 결의에 따른 '연합재건축 위원회 회원'의 분양 및 이주 절차
  ('연합재건축 위원회 회원'의 과반수 이상의 동의로 결의)

관리처분총회
※ '연합재건축 위원회 회원'
의 분양 방식에 대한
세부사항 등의 결의

건축심의	▶	감정평가 실시	▶	관리처분계획 사전통지	▶	관리처분계획 결의를 위한 '연합재건축 위원회 회원' 총회	▶	사업계획승인 및 '연합재건축 위원회 회원'의 분양 완료

※ 관리처분계획 '재건축 위원회' 총회 결의 이후 , 이주 및 철거·착공 절차 진행

4. 이주 및 착공
- 점유자 이주 및 철거
- 일반 분양 입주자 모집 절차 진행

5. 사용승인(준공) 및 등기 절차
- 임시사용승인 후 입주
- 소유권 보존등기

6. 연합재건축 위원회 해산 및 사업자등록 폐업
- 소유권 보존등기 후 등기 촉탁
- 연합재건축 위원회 해산 결의 및 청산 위원회 구성

III. (연합)재건축 사업계획(안)

(연합)재건축 사업계획(안)은 안산시 공고 제2024-250호 (2024.10. 22.) 안산 도시관리계획(지구단위계획 : 일반상업지역)에 근거해서 다음 각호의 사항을 포함한 사업계획서를 작성하였으며, 집합건물의 소유 및 관리에 관한 법률 제47조 제3항을 포함한 내용을 각호와 같이 수록하였습니다.

1. 새 건물의 설계 개요
2. 건물의 철거 및 새 건물의 건축에 드는 비용을 개략적으로 산정한 금액
3. 비용의 분담에 관한 사항
4. 새 건물의 구분소유권 귀속에 관한 사항
5. ○○산업개발(주) 사업 참여 조건
6. 향후 사업 일정(안)

※ 본 사업계획서는 개략적인 사업계획으로, 향후 사업계획 및 관리처분 계획에 따라 사업계획이 변경될 수 있습니다.

백운동 상가 연합재건축 추진위원회

◗JDC○○산업개발(주)

1. 새 건물 설계 개요

– 건설되는 건축물의 설계 개요 등 (5동 연합재건축을 기준으로 산정되었으나 증감의 여지가 있음)

대지면적	실사용 면적	건축연면적	규모
14,825.20㎡	14,825㎡	216,244.02㎡	지하 7층 ~ 지상 49층

판매시설 등 : 61,637.64㎡ / 주거시설 : 84㎡ (A, B 타입 총 870세대)

– 사업구역의 표시 및 지구단위계획 시행지침도
(각 동의 연합재건축 결의 참가 여부에 따라 사업구역은 변경될 수 있음)

소재지 및 지번	건축물대장 연면적		토지 면적
	m²	평	m²
백운동 846번지 보성프라자	17,019.26	5,148.33	3,655.40
백운동 846-1번지 로얄종합상가(A동)	6,237.99	1,886.99	3,784.10
백운동 846-1번지 남양상가(B동)	4,182.16	1,265.10	3,784.10
백운동 846-4번지 베스트프라자	15,946.61	4,823.85	3,639.00
백운동 846-9번지 보성상가	9,464.99	2,863.16	3,746.70
계	52,851.01	15,987.43	14,825.20

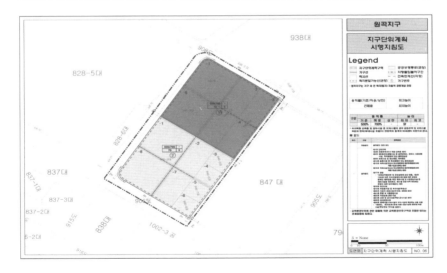

- 새 건물의 배치도

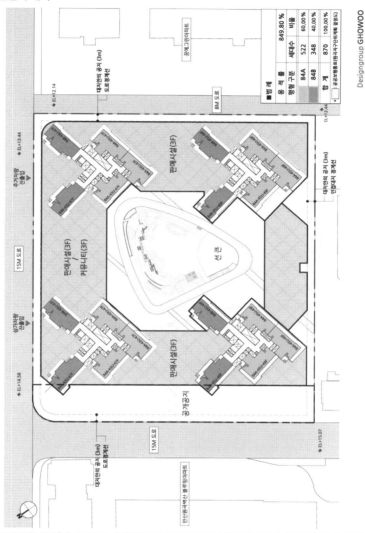

용도	평형	규모	세대수	비율
	평형	84A	522	60.00%
		84B	348	40.00%
	계		870	100.00%

849.80 %

Designgroup GHOWOO

(5동의 연합 재건축을 기준으로 산정했으므로 연합재건축의 사업구역 확정 후 증감이 있을 수 있음)

- 사업구역의 표시

(각 동의 연합재건축 결의 참가 여부에 따라 사업구역은 변경될 수 있음)

2. 건물의 철거 및 새 건물의 건축에 드는 비용을 개략적으로 산정한 금액

① 건물철거 및 신축 비용 개산액

신축비	기타 사업비용(철거비용포함)	합계
528,727,934천 원	189,803,316천 원	718,531,250천 원

(5동의 연합재건축을 기준으로 산정했으므로 연합재건축의 사업구역 확정 후 증감이 있을 수 있음)

② 건축 개요 (용적률 850% 기준, 추후 상향될 여지 있음)
(5동의 연합재건축을 기준으로 산정했으므로 연합재건축의 사업구역 확정 후 증감이 있을 수 있음)

사업명	안산시 단원구 백운동 주상복합 신축 계획안					
대지 위치	경기도 안산시 단원구 백운동 846-1번지 일원					
대지면적	총구역면적	14,825.2㎡ (4,484.62평)				
	실사용 면적	14,825.2㎡ (4,484.62평)				
규모	지상 49층, 지하 7층					
지역 지구	일반상업지역, 개발행위제한지역, 지구단위계획구역					
용도	공동주택(아파트), 판매시설					
도로	동측 15m, 남측8m, 북측15m 도로 면함					
높이	155.00m					
건축면적	6,420.00㎡ (1,942.05평)					
건폐율	43.30% (법정 : 70.00%)					
연면적	지하층	88,209.94㎡ (26,683.51평)				
	지상층	128,034.08㎡ (38,730.31평)				
	계	**216,244.02㎡ (65,413.82평)**				
조경면적	2,246.02㎡ (679.42평)					
용적률	850%	공동주택	73.99%	(법정 용적률 : 850%)		
		근생	26.02%			
주차대수	공동주택	85 미만	870 X 1	1,044대		**1,470.0대** (공동1.2배 / 판매1.1배)
	판매시설	16,458.64 / 100 **165대**			지상	0대
	합계	공동주택 870대 + 판매 165대 **합계 : 1,035대**			지하	**1,470.0대**

③ 층별 면적표(사업 제반 여건 및 인허가 과정상 변경될 수 있음) (단위 : ㎡)

구분		공동주택		공동주택 부대시설		판매시설		기타 공용 (기계실, 전기실 등)	피난 안전층	주차장	바닥면적	비고
		전용	공용	전용	공용	전용	공용					
지 하	지하 7층	–	–	–	–	–	–	2,500.00	–	9,781.42	12,601.42	
	지하 6층	–	–	–	–	–	–	–	–	12,281.42	12,601.42	
	지하 5층	–	–	–	–	–	–	–	–	12,281.42	12,601.42	
	지하 4층	–	–	–	–	–	–	–	–	12,281.42	12,601.42	
	지하 3층	–	–	–	–	–	–	–	–	12,281.42	12,601.42	
	지하 2층	–	–	–	–	–	–	–	–	355.27	12,601.42	
	지하 1층	–	–	–	–	1,200.00	180	–	–	355.27	12,601.42	
	소계	–	–	–	–	1,200.00	180	2,500.00	–	59,617.64	88,209.94	
지 상	1층	–	560	–	700	4,231.00	1600	200	–	350	7,641.00	
	2층	–	320	–	200	6,028.00	1,750.00	–	–	–	8,298.00	
	3층	–	320	–	1,400.00	4000.00	–	–	–	–	6,820.00	
	4층	1,698.56	675.12	–	–	–	–	–	–	–	2,373.68	커뮤니티층
	5층	1,698.56	675.12	–	–	–	–	–	–	–	2,373.68	
	6층	1,698.56	675.12	–	–	–	–	–	–	–	2,373.68	
	7층	1,698.56	675.12	–	–	–	–	–	–	–	2,373.68	
	8층	1,698.56	675.12	–	–	–	–	–	–	–	2,373.68	
	9층	1,698.56	675.12	–	–	–	–	–	–	–	2,373.68	
	10~19층	16,985.60	6,751.20	–	–	–	–	–	–	–	23,736.80	
	20층	1,698.56	675.12	–	–	–	–	–	–	–	2,373.68	
	21층	1,698.56	675.12	–	–	–	–	–	–	–	2,373.68	
	22층	1,698.56	675.12	–	–	–	–	–	–	–	2,373.68	
	23층	–	320	–	–	–	–	–	1,700.00	–	2,020.00	피난 안전층
	24층	1,698.56	675.12	–	–	–	–	–	–	–	2,373.68	
	25~41층	28,875.52	11,477.04	–	–	–	–	–	–	–	40,352.56	
	42층	1,698.56	675.12	–	–	–	–	–	–	–	2,373.68	
	43층	1,698.56	675.12	–	–	–	–	–	–	–	2,373.68	
	44층	1,698.56	675.12	–	–	–	–	–	–	–	2,373.68	
	45층	1,698.56	675.12	–	–	–	–	–	–	–	2,373.68	
	46층	1,698.56	675.12	–	–	–	–	–	–	–	2,373.68	
	47층	849.28	337.56	–	–	–	–	–	–	–	1,186.84	
	48층	849.28	337.56	–	–	–	–	–	–	–	1,186.84	
	49층	849.28	337.56	–	–	–	–	–	–	–	1,186.84	
	소계	73,887.36	30,887.72	0.00	2,300.00	14,259.00	3,350.00	200.00	1,700.00	350.00	128,034.08	
합계		73,887.36	30,887.72	0.00	2,300.00	15,459.00	3,530.00	2,700.00	1,700.00	59,967.64	216,244.02	

(5동의 연합재건축을 기준으로 산정했으므로 연합재건축의 사업구역 확정 후 증감이 있을 수 있음)

④ 공동주택 분양 면적표(공동주택, 사업 제반 여건 및 인허가 과정상 변경될 수 있음)

(단위 : ㎡)

TYPE				84A	84B	합계
	호실 수			522	348	870
공급면적		전용면적		84.9800	84.85	73,887.36
	공용면적	벽체공용		6.4500	6.11	5,493.18
		계단 실 등 공용		29.45	29.16	25,519.97
		소계		35.66	35.27	30,888.48
	공급면적			120.64	120.12	104,775.84
기타공용면적	공동주택 부대시설			2.65	2.64	2,302.02
	기타 공용			4.26	4.25	3,702.72
	지하주차장 등			48.89	48.81	42,506.46
	소계			55.79	55.70	48,505.98
계약면적				176.42	175.82	153,276.60

⑤ 판매시설 면적표(판매시설, 사업 제반 여건 및 인허가 과정상 변경될 수 있음)

(단위 : ㎡)

TYPE	용도	공급면적			기타공용면적			계약면적
		전용면적	공용면적	공급면적	기타 공용	주차장	소계	
지하 2층	판매시설	9,346.15	3,060.00	12,406.15	198.54	4,915.79	5,114.33	17,520.48
지하 1층		9,346.15	2,700.00	12,406.15	198.54	4,915.79	5,114.33	17,520.48
1층		4,231.00	1600.00	5831.00	89.88	2,225.38	2,315.26	8,146.26
2층		6,028.00	1,750.00	7,778.00	128.06	3,170.54	3,298.60	11,076.60
3층		4,000.00	1100.00	5100.00	84.97	2,188.85	2,273.82	7,373.82
합계	-	32,951.30	10,210.00	43,521.30	699.99	17,416.35	18,116.34	61,637.64

(5동의 연합재건축을 기준으로 산정했으므로 연합재건축의 사업구역 확정 후 증감이 있을 수 있음)

⑥ 투시도(사업 제반 여건 및 인허가 과정상 변경될 수 있음)

3. 비용의 분담에 관한 사항

① 연합재건축 사업은 연합재건축 결의에 동의하시는 구분소유자(이하 '회원'이라 함)분들의 재건축 분담금을 제로(분담금 없음)로 하는 확정지분제 방식을 유추 적용해 시행사가 재건축 관련 소요되는 사업 제반 비용을 모두 부담합니다. 회원은 연합재건축에 출자하는 종전 소유한 구분소유권의 분양 면적 대비 동일한 분양 면적을 관련 법규 및 연합재건축 추진위원회가 정하는 규약에 따라 별도의 분담금 없이 새 건물의 상가를 대물로 제공받습니다. 또한, 각 동의 이익 보호 및 형평성을 유지하기 위해 독립 정산제와 제자리 재건축 방식을 원칙으로 합니다. 각 동마다 다른 전용률과 대지 지분율, 종전 상가의 위치와 평수를 고려하여 대물(종전 소유한 분양 면적 대비 새 건물의 동일한 분양 면적을 제공함)로 제공받는 상가의 면적 기준을 증대하거나 현금으로 추가 보상하는 방식으로 형평성을 유지합니다.
   그 외 기타 사항은 연합재건축 결의 후 관리처분 총회에서 합리적으로 결정합니다.
② 위 ①항에 따라 연합재건축 사업의 개발 이익은 시행사로 귀속됩니다.
③ '연합재건축 결의에 동의하시는 위원회 회원' 구분소유자가 소유한 종전 자산의 가치는 감정평가를 통해 연합재건축 위원회 규약 또는 관계 법령이 정하는 형평의 원칙에 따라 산정합니다.
④ 연합재건축 결의 및 연합재건축의 사업계획승인 과정에서 소요되는 일체의 사업제반비용은 시행사의 자금으로 충당하고 사업계획승인에 따라 시공사에 지급할 공사 금액 및 그 외 연합 재건축 사업 관련 제반 비용은 새 건물의 판매시설(대불 분양 분 제외) 및 주택시설의 일반 분양 수입금과 사업계획승인(건축 허가 완료) 이후 시공사의 책임 준공 등의 조건으로 시행사 보유분 및 연합재건축 사업에 회원 등이 출자 한 구분소유권등을 신탁사 및 금융기관에 제공하고 PF대출을 통해 자금을 조달하여 연합재건축 사업을 시행합니다.

4. 새 건물의 구분소유권 귀속에 관한 사항

① 신축되는 새 건물에 대한 연합재건축 위원회 회원 간의 구분소유권 배정은 연합재건축 위원회 회원 전원의 동의에 따른 결정을 최우선으로 하며, 다음으로 관계 법령을 우선 적용하고 그 외 사항은 연합재건축 위원회 규약의 관리처분 계획에 따릅니다.
② 사업 시행 후 대물로 제공받을 상가의 면적은 종전 소유한 상가의 분양(공급) 면적을 기준(3. 비용의 분담에 관한 사항 ①항 적용)으로 하되, 추가 증감이 불가피한 경우에는 추가 분담금을 지불하거나 시가에 따른 보상금을 지급받는 등 연합재건축 위원회 규약에 따라 정하며, 새 건물의 대지 지분은 관련 법규에 따른 새 건물의 연면적 대비 전용면적 비례에 따라 공유 지분으로 각 분양합니다.
③ 법령과 연합재건축 위원회 규약이 정하는 바에 따라 '연합재건축 위원회 회원'에게 새 건물의 상가(판매시설)를 우선 제공하고, 남는 주택 및 상가 등은 일반 분양합니다.
④ 토지와 건축물은 재건축 사업 완료 후 관계 법령 및 연합재건축 위원회 규약에 따라 '연합재건축 위원회 회원' 및 일반 분양자에게 소유권 이전 등기하고, 잔여 토지와 건축물은 시행사 명의로 소유권 이전 등기합니다.

5. ○○산업개발㈜을 연합재건축 사업 시행사 및 집합건물법 제48조의 '매수지정자'로 정하는 것에 동의합니다. 단, 동의하는 조건은 다음과 같습니다.

가) 위 '3. 비용의 분담에 관한 사항'과 '4. 새 건물의 구분소유권 귀속에 관한 사항'에 대한 시행사의 의무를 다하는 조건
나) 정당한 사정이 없는 한 건축 심의 통과 후 120일 이내에 연합재건축 사업의 시공사를 1군 시공사로 확정하는 조건
다) 시행사와 연합재건축 추진위원회 간의 약정은 시행사의 귀책사유 발생 시 연합재건축 추진위원회의 규약에 따라 해지할 수 있는 조건

6. 향후 사업 일정(안)

일정	내용	비고
2024년 12월 2025년 01월	연합재건축 사업설명회	
	'연합재건축 결의' 및 연합재건축 위원회가입동의서 징구	
	연합재건축 위원회 창립총회 및 사업자등록	
2025년 上	'재건축 결의'를 위한 '연합재건축 위원회 회원' 총회	
	건축 심의 등	
	관리처분결의를 위한 '연합재건축 위원회 회원' 총회	
2025년 下	사업계획 승인(건축 허가)	
	'연합재건축 위원회 회원' 분양 신청	
	'연합재건축 위원회 회원' 및 점유자 이주	
2026년 上	철거 및 착공	
2029년	사용 승인 및 입주	
	사업 완료 및 재건축 위원회 해산	

※ 상기 사업 일정은 예상(안)이며, 진행 상황에 따라 변동이 있을 수 있음.

Ⅳ. 연합재건축 사업 관련 Q&A

백운동 상가 연합재건축 추진위원회

JDC○○산업개발(주)

Q. 연합재건축 결의 및 연합재건축 위원회 회원가입동의서를 제출하는 이유가 무엇인가요?

A. '연합재건축 결의' 및 연합재건축 위원회 회원가입동의서를 제출해야 추후 '연합재건축 위원회 회원'으로서의 권리를 행사하실 수 있으며, 사업의 전체적인 진행 방향과 모습을 결정할 소중한 의결권을 행사 하실 수 있습니다. '재건축 결의'에 동의하지 않을 경우에는 '연합재건축 위원회 회원'의 자격이 부여되지 않고 매도청구소송 대상일 수 있습니다. 재건축 사업은 중요한 사업추진 절차마다 '연합재건축 위원회 회원'의 동의 또는 '연합재건축 위원회 회원' 총회의 인준를 받아야 합니다. 사업추진 절차 중 '재건축 결의' 및 재건축 위원회 회원가입동의 절차가 가장 많은 시간이 걸리기에 '재건축 결의' 및 재건축 위원회 회원가입동의 진행률이 사업의 성패를 좌우합니다.

Q. 토지 또는 건물을 공동으로 소유하고 있는 경우에는 '연합재건축 결의서' 및 연합재건축 위원회 회원가입동의서 제출을 어떻게 해야 되나요?

A. 토지 및 건축물을 공유로 소유하고 계신 경우에는 반드시 대표 '연합재건축 위원회 회원' 선임 동의서를 작성하여 대표자 1인을 선임하여야 하며, 대표자로 선임된 분이 '재건축 결의서' 날인과 '연합재건축 위원회 회원가입동의서'를 제출하시면 됩니다. 향후 재건축 사업과 관련된 행위는 선임된 대표자가 행하게 됩니다(각종 동의서 제출 및 총회 참석 등).

Q. 이주는 언제 시작하며 이주 비는 지원은 가능 한가요?

A. '연합재건축 위원회 회원' 및 점유자 이주 시기는 관리처분총회 결의 이후 시행될 예정으로 예정 시기는 2026년입니다. 이주비 지원은 향후 사업계획승인(건축허가) 이후 관리처분계획에 의거하여 이주 비 대출 금융기관을 알선해드릴 예정입니다.

Q. 연합재건축 사업에서 '연합재건축 위원회 회원'에 대한 현물보상 등의 기준은 무엇인가요?

A. 연합재건축 사업에 동의한 '연합재건축 위원회 회원'은 관련 법규가 허용하는 범위에서 재건축 후 기존 상가와 동일한 층수, 비슷한 위치에 있는 신축 상가를 분양 받을 수 있습니다. 자세한 사항은 연합재건축 결의서에 기재된 정책 내용(확정지분제, 독립정산제, 제자리 재건축)을 참고하시기 바랍니다.

V. 연합재건축 위원회 규약(안)

백운동 상가 연합재건축 추진위원회

JDC○○산업개발(주)

백운동 상가연합재건축 추진위원회 규약(안)

2024. 12. 31

제1장   총 회

제1조(명칭)

① 본 재건축 추진위원회의 명칭은 백운동 상가 연합재건축 추진위원회(이하 "연합재건축 위원회"라 한다)라 한다.

② 본 연합재건축 위원회가 시행하는 재건축 사업의 명칭은 '안산 백운동 상가 연합재건축 사업'(이하 "연합재건축 사업"이라 한다)이라 한다.

제2조(목적)

연합재건축 위원회는 집합건물의 소유 및 관리에 관한 법률(이하 "집합건물법"이라 한다)과 이 규약이 정하는 바에 따라 제3조의 사업구역 안의 건축물을 철거하고, 그 토지 위에 새로운 건축물을 건설하여 생활환경 등을 개선하며, 지역 발전에 이바지함을 목적으로 한다.

제 3조(연합재건축 사업구역)

연합재건축 위원회의 사업구역은 경기도 안산시 단원구 원초로 30 외 3필지로써 토지 총면적은 4.825.00㎡(4,484.6평)따라 사업구역 면적이 변경될 경우 본 조의 개정없이 사업 구역과 토지의 총면적이 변경된 것으로 본다.

제4조(사무소)

① 연합재건축 위원회의 주된 사무소는 경기도 안산시 단원구 원초로 30(사업부지) 부근에 소재하도록 한다.

② 연합재건축 위원회 사무소를 이전하는 경우 이사회 의견을 거쳐 이전할 수 있으며, '연합재건축 위원회 회원'에게 통지한다.

제5조(시행 방법)

① '연합재건축 위원회 회원'은 제3조(사업구역) 내에 소유한 토지 및 건축물을 시행사에 현물로 출자하고, 시행사는 신탁사로 재신탁하는 방법으로 사업을 시행하여 '집합건물법' 제47조, 제48조, 제49조의 규정 및 재건축 결의한 내용에 따라 신축 건축물을 건설하여 분양한다.

② 시행사는 ①항의 사업 시행을 위해 연합재건축 결의에 의하여, 연합재건축 위원회 회원들이 현물로 출자한 제3조(사업구역) 토지 및 건축물을 담보로 하여 금융기관으로부터 프로젝트 파이낸싱(PF) 자금을 대여받아 본 사업을 시행할 수 있다. 단, 1군 시공사의 시공 참여 확정 및 건축심의 완료 이후 할 수 있다.

③ 시행사는 ○○산업개발㈜로 정한다.

제6조(사업기간)

사업기간은 재건축 위원회 창립총회(예정 2024. 12.)일부터 이 규약이 정한 청산 업무가 종료(예정 2029. 12.)되는 날까지로 한다.

제7조(권리·의무에 관한 사항의 고지 공고 방법)

① 연합재건축 위원회와 시행사는 '연합재건축 회원'의 권리 의무에 관한 사항을 '연합재건축 회원'에게 성실히 고지·공고하여야 한다.

② 제1항의 고지 공고 방법은 이 규약에서 따로 정하는 경우를 제외하고는 다음 각호의 방법에 따른다.

    1. 관련 '연합재건축 회원'에게 우편 등으로 개별 고지함을 원칙으로 하나 유선으로 직접 고지·공고할 수 있다.

    2. '연합재건축 회원'이 쉽게 접할 수 있는 일정한 장소의 게시판(이하 "게시판"이라 한다)에 14일 이상 공고하고 게시판에 게시한 날부터 3월 이상 (연합)재건축 위원회 사무소에 관련 서류와 도면 등을 비치하여 '연합재건축 위원회 회원'이 알 수 있도록 한다.

    3. 제1호 또는 제2호의 게시판에 공고가 있는 날부터 고지·공고된 것으로 온다.

제8조(규약의 변경)

① 규약을 변경하고자 할 때는 '연합재건축 회원' 3분의 1 이상 또는 연합재건축 위원회 임원의 발의가 있어야 한다.

② 규약을 변경하고자 하는 경우에는 총회를 개최하여 '연합재건축 회원' 과반수 출석과 출석 '연합재건축 회원' 과반수의 찬성으로 변경한다. 다만, 적용 법규의 변경 및 '연합재건축 위원회 회원'의 자격, '연합재건축 위원회 회원'에게 금전적 부담이 되지 않는 경미한 변경에 해당하는 경우에는 제7조 1항과 2항에서 정한 방법으로 연합재건축 회원들에게 14일 이상 고지·공고하고 '연합재건축 위원회 회원' 3분의 1 이상의 이의제기 또는 연합재건축 위원회 임원들의 이의가 서면으로 제출된 바 없으면 이를 확정한다.

제2장   '연합재건축 위원회 회원'(이하 '연합재건축 회원' 또는 '회원'이라 한다)

제9조('연합재건축 위원회 회원'의 자격 등)

① '연합재건축 위원회 회원'은 사업구역의 토지 또는 건물 등의 구분소유자(이하"구분소유자"라 한다)로서 재건축 결의에 동의한 자로 한다. 다만, 재건축 결의에 동의하지 아니한 자는 관리처분결의 총회 전까지 재건축 결의동의서를 연합재건축 위원회에 제출하여 '연합재건축 회원'이 될 수 있다.

② 1건물(등기부등본상 1동 또는 호의 토지 및 건물의 구분소유권) 또는 동일인이 2개 이상의 건물 등을 소유하는 경우에는 그 집합건물 등의 수와 관계없이 1인의 '연합재건축 위원회 회원'으로 한다.

③ 하나의 (구분)소유권이 수인의 공유에 속하는 때는 그 수인을 대표하는 1인을 '연합재건축 위원회 회원'으로 본다. 이 경우 그 수인은 대표자 1인을 대표 '연합재건축 위원회 회원'으로 지정하고 대표 '연합재건축 위원회 회원' 선임동의서를 작성하여 재건축 위원회에 신고하여야 하며, '연합재건축 위원회 회원'으로서의 법률행위는 그 대표 '연합재건축 위원회 회원'이 행한다.

④ 사업구역 내에 토지 또는 건축물을 소유한 소유자도 재건축 결의에 동의한 경우 '연합재건축 위원회 회원'으로 볼 수 있다.

⑤ 양도·상속·증여 및 판결 등으로 '연합재건축 위원회 회원'의 권리가 이전된 때는 '연합재건축 위원회 회원'의 권리를 취득한 자로 '연합재건축 위원회 회원'이 변경된 것으로 보며, 권리를 양수받은 자는 '연합재건축위원회 회원'의 권리와 의무 및 종전의 권리자가 행했거나 연합재건축 위원회가 종전의 권리 자에게 행한 처분, 청산 시 권리·의무에 관한 범위 등을 포괄 승계한다.

제10조('연합재건축 위원회 회원'의 권리·의무)

① '연합재건축 위원회 회원'은 다음 각호의 권리와 의무를 갖는다.

    1. 관련법규에서 허용하는 범위에서의 분양 청구권 및 분양권

2. 총회의 출석권·발언권 및 의결권

3. 연합재건축 위원회 임원의 선임권 및 피선임권

4. 재건축 사업비, 청산금, 부과금과 이에 대한 연체료의 비용 납부 의무

5. 관리처분결의에 따른 철거 및 이주 의무

6. 그 밖에 관계법령 및 이 규약, 총회 등의 의결사항 준수 의무

② '연합재건축 위원회 회원'의 권한은 평등하여 권한의 대리 행사는 원칙적으로 인정하지 아니하되, 다음 각 호에 해당하는 경우에는 권한을 대리할 수 있다. 이 경우 '연합재건축 위원회 회원'의 자격은 변동되지 아니한다.

1. '연합재건축 위원회 회원'이 권한을 행사할 수 없어 배우자·직계존비속·형제자매 중에서 성년자를 대리인으로 정하여 위임장을 제출하는 경우

2. 해외 거주자가 대리인을 지정한 경우

3. 법인인 구분소유자가 대리인을 지정한 경우

   (이 경우 법인의 대리인은 재건축 위원회의 임원 등으로 선임될 수 없다.)

③ '연합재건축 위원회 회원'이 그 권리를 양도하거나 주소 또는 인감을 변경했을 경우 그 양수자 또는 변경 당사자는 그 행위의 종료일부터 14일 이내에 재건축 위원회에 그 변경내용을 신고하여야 한다. 이 경우 신고하지 아니하여 발생되는 불이익 등에 대하여 해당 '연합재건축 위원회 회원'은 재건축 위원회에 이의를 제기할 수 없다.

④ '연합재건축 위원회 회원'은 재건축 위원회가 사업 시행에 필요한 서류를 요구하는 경우 이를 제출할 의무가 있으며 재건축 위원회의 승낙이 없는 한 이후 회수할 수 없다. 이 경우 재건축 위원회는 요구 서류에 대한 용도와 수량을 명확히 해야 한다.

제11조('연합재건축 위원회 회원' 자격의 상실)

① '연합재건축 위원회 회원'이 제3조 사업 구역 내의 구분소유권을 모두 양도했거나 관계법령 및 이 규약에서 정하는 바에 따라 '연합재건축 위원회 회원'의 자격에 해당하지 않게 된 경우 '연합재건축 위원회 회원'의 자격을 즉시 상실한다.

② '연합재건축 위원회 회원'으로서 고의 또는 중대한 과실 및 의무불이행 등으로 연합재건축 위원회에 대하여 막대한 손해를 입힌 경우에는 총회의 의결에 따라 '연합재건축 위원회 회원'에서 제명할 수 있다. 이 경우 제명 전에 해당 '연합재건축 위원회 회원'에 대해 청문 등 소명기회를 부여해야 하며, 청문 등 소명 기회를 부여했음에도 이에 응하지 아니한 경우에는 소명 기회를 부여한 것으로 본다.

③ '연합재건축 위원회 회원'은 임의로 재건축 위원회를 탈퇴할 수 없다. 다만, 부득이한 사유가 발생한 경우 관계법률에 따른다.

제12조(시행사의 선정 및 계약)

① 시행사(시행자)는 연합재건축 위원회 회원가입 동의 시 명시된 시행사를 우선 선정하고 추후 연합재건축 총회에서 추인(확정)한다. 다만 시행사를 변경할 경우 (연합)재건축 위원회 총회의 인준으로 확정한다.

② 연합재건축 위원회는 제1항의 규정에 의하여 선정된 시행사와 그 업무범위 및 관련 사업비의 부담 등 사업 시행 전반에 대한 내용을 협의한 후 계약을 체결하고 총회에서 인준을 받아야 하며, 그 계약내용에 따라 상호 간의 권리와 의무가 부여된다. 중대한 계약내용을 변경하는 경우도 이와 같다.

③ 연합재건축 위원회는 제2항의 규정에 의하여 시행사와 체결한 계약서를 연합재건축 위원회 해산일까지 연합재건축 위원회 사무소에 비치해야 하며, '연합재건축 위원회 회원'의 열람 또는 복사 요구에 응하여야 한다. 이 경우 복사에 드는 비용은 복사를 원하는 '연합재건축 위원회 회원'이 부담한다.

④ 제2항의 계약 내용에는 토지 및 건축물의 사용·처분, 공사비 및 부대비용 등 사업비의 부담, 시공 보증 시공상의 책임, 공사기간, 하자보수 등에 관한 사항을 포함해야 한다.

제13조(설계자의 선정 및 계약)

① 설계자는 건축사법 제23조의 규정에 적합한 자격을 가진 자를 대상으로 선정하고 총회의 인준으로 확정 또는 변경해야 한다. 다만 시행사가 선정된 경우 시행사가 건축사법 제23조의 규정에 적합한 자격을 가진 자를 대상으로 설계자를 선정하기로 한다.

② 제12조 제2항 내지 제3항의 규정은 설계자의 선정 및 계약에 관하여 이를 준용한다.

제14조(재건축 사업 행정 용역업자의 선정 및 계약)

제13조 제1항 내지 제2항의 규정은 재건축 사업 행정 용역업자의 선정 및 계약에 관하여 이를 준용한다. 이 경우 "설계자"는 각각 "재건축 사업 행정 용역업자"로 본다.

제3장   임원 등

제15조(임원)

① 재건축 위원회에는 다음 각호의 임원을 둔다.

  1. 연합재건축 위원회 회장 1인
  2. 연합재건축 위원회 부회장 4-5인
  3. 연합재건축 위원회 감사 1인
  4. 각 동 재건축 위원장 각 1인 (연합 재건축 위원임원 겸임)

② 각 동의 재건축 위원장은 그 동의 총회에서 '재건축 위원회 회원' 과반수 출석(서면동의 가능)과 출석 '재건축 위원회 회원' 과반수의 동의를 얻어 선임하고 연합재건축 위원회 임원을 구성한다. 다만, 임기 중 궐위된 경우에는 그 동의 구분소유자인 연합재건축 회원 중에서 보궐 선임한다.

③ 연합재건축 위원회 회장 및 감사의 선임은 각 동 재건축 위원장 과반수의 동의에 의해 결정한다.

④ 연합재건축 회장단과 각 동의 재건축 위원장 및 임원의 임기는 선임된 날부터 재건축 위원회 해산일까지로 한다.

제16조(임원의 직무 등)

① 연합재건축 위원회 회장은 각 동의 재건축 위원장을 대표하고 연합재건축 위원회 사무를 총괄하며, 각 동의 재건축 위원장은 각 동의 '연합재건축 위원회 회원'을 대표하고, 각 동의 재건축 위원회의 사무를 총괄한다.

② 연합재건축 위원회 부회장은 연합재건축 위원회 회장을 보좌하고, 각 동의 '재건축 결의' 및 중요한 사항을 심의·의결해서 이 규약이 정하는 바에 의해 각 동의 재건축 위원회의 사무를 관장한다.

③ 감사는 연합재건축 위원회의 사무 및 재산 상태와 회계에 관하여 감사하며 감사결과보고서를 연합총회 또는 각 동의 총회에 제출해야 한다.

④ 감사는 연합재건축 위원회의 재산관리 또는 업무집행이 공정하지 못하거나 부정이 있음을 발견했을 때는 연합총회 또는 각 동의 총회에 보고해야 하며, 재건축 위원회 회장은 보고를 위한 총회를 소집해야 한다.

⑤ 연합재건축 위원회 회장이 유고 등으로 인하여 그 직무를 수행할 수 없을 때는 연합재건축 위원회 부회장 중에서 과반수 이상의 동의로 선임하여 연합재건축 위원회 회장의 직무를 수행한다.

⑥ 각 동의 재건축 위원장이 유고 등으로 인하여 그 직무를 수행할 수 없을 때는 재건축 위원회의 총회에서 '연합재건축 위원회 회원' 과반수 출석과 출석 '연합재건축 위원회 회원' 과반수의 동의를 얻어 '연합재건축 위원회 회원' 중에서 선임하고 직무를 수행한다.

⑦ 연합재건축 위원회와 각 동의 재건축 위원회는 그 사무를 집행하기 위하여 필요하다고 인정하는 때는 총회의 결의에 따라 상근하는 임원 또는 유급직원을 둘 수 있다.

⑧ (연합)재건축 위원회 임원은 같은 목적의 사업을 시행하는 다른 재건축 위원회 및 추진위원회 또는 당해 사업과 관련된 시공사·설계자·재건축 사업 행정 용역업자 등 관련 단체의 임원·위원 또는 직원을 겸할 수 없다.

제17조(임원의 결격사유 및 자격상실 등)

① 다음 각호의 자는 (연합)재건축 위원회의 임원에 선임될 수 없다.

    1. 미성년자·금치산자·한정치산자

    2. 파산자로서 복권되지 아니한 자

    3. 금고 이상의 실형 선고를 받고 그 집행이 종료(종료된 것으로 보는 경우를 포함한다)되거나 집형이 면제된 날부터 2년이 경과되지 아니한 자

    4. 금고 이상의 형의 집행유예를 받고 그 유예기간 중에 있는 자

    5. 법 또는 관련 법률에 외한 징계에 의해 면직의 처분을 받은 때로부터 2년이 경과되지 아니한 자

② 임원이 ①항 2호의 1에 해당하게 되거나 선임 당시 그에 해당하는 자로 판명된 때는 당연 퇴임한다.

③ ②항의 규정에 의하여 퇴임된 임원이 퇴임 전에 관여한 행위는 그 효력을 잃지 아니한다.

④ 임원으로 선임된 후 그 직무와 관련한 형사사건으로 기소된 경우에는 기소내용이 통지된 날부터 14일 이내에 '연합재건축 위원회 회원'에게 그 내용을 고지해야 하며, 그 내용에 따라 확정판결이 있을 때까지 제 18조 ④항의 절차에 따라 그 자격을 정지할 수 있다.

제18조(임원의 해임 등)

① (연합)재건축 임원이 직무유기 및 태만 또는 관계법령 및 이 규약에 위반해서 (연합)재건축 위원회에 부당한 손실을 초래한 경우에는 해임할 수 있다. 다만, 제17조 ②항의 규정에 의해 당연 퇴임한 임원에 대해서는 해임 절차 없이 선고받은 날부터 그 자격을 상실한다.

② 임원이 자의로 사임하거나 ①항의 규정에 의해 해임되는 경우에는 새로운 임원을 선출할 수 있다.

③ 임원의 해임은 재건축 위원장 또는 '연합재건축 위원회 회원' 2분의 1 이상의 발의로 소집된 총회에서 '연합재건축 위원회 회원' 2분의 1 이상의 출석과 출석 '연합재건축 위원회 회원' 3분의 2 이상의 동의를 얻어 해임할 수 있다. 단, 재건축 위원장의 해임의 경우 발의자 대표가 그 의장이 된다.

④ ②항의 규정에 의해 사임하거나 또는 해임되는 임원의 새로운 임원이 선임, 취임할 때까지 직무를 수행하는 것이 적합하지 아니하다고 인정될 때는 그의 직무수행을 정지하고 재건축 위원장이 임원의 직무를 수행할 자를 임시로 선임할 수 있다. 다만, 재건축 위원장이 사임하거나 해임되는 경우에는 제16조 제6항을 준용한다.

제19조(임직원의 보수 등)

① (연합)재건축 위원회의 임원에 대한 보수는 총회에서 결정한다. 다만, '연합재건축 위원회 회원'의 직무수행으로 발생하는 경비는 시행사와 협의해서 직무에 따른 비용 등을 지급받는다.

② (연합)재건축 위원회의 임원에 대한 인센티브의 지급은 재건축 사업의 성과 및 사업 진행률에 따라 사회 통념상 허락하는 한도 내에서 시행사와 협의해서 시행사를 통해 지급할 수 있다.

③ 유급직원은 (연합)재건축 위원회 장이 임명한다. 이 경우 임명 결과에 대하여 사후에 총회 인준을 받아야 하며 인준을 받지 못하면 즉시 해임해야 한다.

제4장　기관

제20조(총회의 설치)

① '연합재건축 위원회 회원' 정원으로 구성하는 총회를 둔다.

　단, 각 동의 재건축 결의를 위한 '각 동별 총회'를 둘 수 있고, '각 동별 총회'는 별도의 규약을 정할 수 있다.

② 총회는 정기총회·임시총회로 구분하며 각 동의 재건축 위원장 및 연합회 회장이 소집한다.

③ 정기총회는 매년 1회, 회계연도 종료일부터 3월 이내에 개최해야 하나, 결산보고 등의 일반적인 안건 이외의 특별한 안건이 없을 경우에는 총회 소집 없이 서면 통보의 방법으로 총회를 갈음할 수 있다. 다만, 부득이한 사정이 있는 경우에는 5월 범위 내에서 사유와 기간을 명시해서 일시를 변경할 수 있다.

④ 임시총회는 재건축 위원장 및 연합회 회장이 필요하다고 인정하는 경우에 개최한다. 다만, 다음 각호의 1에 해당하는 때는 (연합)재건축 위원장은 해당일로부터 2월 이내에 총회를 개최해야 한다.

　1. '연합재건축 위원회 회원' 또는 각 동의 재건축 구성원 2분의 1 이상이 총회의 목적사항을 제시해서 청구하는 때

⑤ ④ 항의 각호의 규정에 의한 청구 또는 요구가 있는 경우로서 (연합)재건축 위원장이 2월 이내에 정당한 이유 없이 총회를 소집하지 아니하는 때는 연합재건축 위원회 감사가 2월 이내에 회를 소집해야 한다.

⑥ ②항 내지 ⑤항의 규정에 의해 총회를 개최하거나 일시 변경하는 경우에는 총회의 목적·안건·일시·장소·변경사유 등에 관해 미리 연합재건축 위원회 감사에게 통보해야 한다. 다만, ⑤항의 규정에 의한 재건축 위원장이 아닌 공동명의('연합재건축 위원회 회원' 2분의 1 이상)로 총회를 소집하는 경우에는 그러하지 아니하다.

⑦ ②항 내지 ⑤항의 규정에 의해 총회를 소집하는 경우에는 회의 개최 14일 전부터 회의 목적·안건·일시 및 장소 등을 게시판에 게시해야 하며 각 '연합재건축 위원회 회원'에게는 회의 개최 7일 전까지 우편으로 이를 발송, 통지해야 한다.

⑧ 총회는 ⑥항에 의해 통지한 안건에 대해서만 의결할 수 있다.

제21조(총회의 의결사항)

다음 각호의 사항은 총회의 의결을 거쳐 결정한다.

　1. 규약의 변경(적용 법규의 변경 및 경미한 변경의 경우는 제외한다)
　2. 재건축 결의 및 중대한 사항의 재건축 결의안 변경
　3. 이주대책 수립
　4. '연합재건축 위원회 회원' 분양방식 수립
　5. 예산으로 정한 사항 외에 '연합재건축 위원회 회원'의 부담이 될 계약
　6. 시행사·시공사 변경
　7. 이미 공지되지 않은 연합재건축 사업계획의 중대한 사안 변경
　8. 재건축 위원회 임원 선임 및 해임(임기 중 궐위된 자를 보궐 선임하는 경우는 제외한다)
　9. 재건축 사업비의 '연합재건축 위원회 회원'별 분담금의 증가(1 대 1 방식으로 분담금 없음)
　10. 관리처분계획의 수립 및 변경(경미한 변경을 제외한다)
　11. 재건축 위원회 해산 시의 회계보고(사업 완료로 인한 해산은 제외한다)
　12. 재건축 위원회의 해산(사업 완료로 인한 해산은 제외한다)
　13. 그 밖에 이 규약 또는 사회통념상 총회의 의결 또는 인준을 거치도록 한 사항

제22조(총회의 의결 방법)

① 총회는 법, 이 규약에서 특별히 정한 경우를 제외하고는 '연합재건축 위원회 회원' 과반수 출석으로 개의하고 출석 '연합재건축 위원회 회원'의 과반수 찬성으로 의결한다.

② 제1항의 규정에도 불구하고 다음 각호에 관한 사항은 '연합재건축 위원회 회원' 5분의 4 이상의 출석과 '연합재건축 위원회 회원' 80% 이상의 찬성으로 의결한다.

    1. 규약 제2조, 제5조의 개정, 폐지에 관한 사항
      단, 재건축 결의 사항 중 경미한 변경은 본조 ①항의 규정에 따른다.

③ '연합재건축 위원회 회원'은 서면 또는 제10조 제2항 각호에 해당하는 대리인을 통해 의결권을 행사할 수 있다. 서면 행사하는 경우에는 제1항 및 제2항의 규정에 의한 출석으로 본다.

④ '연합재건축 위원회 회원'은 제3항의 규정에 의해 출석을 서면으로 하는 때는 안건 내용에 대한 의사를 표시해서 총회 개최 전일의 업무 종료 시간 전 까지 제출해야 한다.

⑤ '연합재건축 위원회 회원'은 제3항의 규정에 의하여 출석을 대리인으로 하고자 하는 경우에는 대리인계를 작성해서 재건축 위원회에 제출해야 한다.

⑥ 총회 소집 결과 정족수에 미달되는 때는 재소집해야 하며, 재소집의 경우에도 정족수에 미달되는 때는 본 조 ①항의 규정에 따라 '연합재건축 위원회 회원' 과반수 출석으로 개의하고, 출석 '연합재건축 위원회 회원'의 과반수 찬성으로 의결한다.

제23조(총회 운영 등)

① 총회는 이 규약 및 의사진행의 일반적인 규칙에 따라 운영한다.

② 재건축 위원장 또는 연합재건축 위원회 회장은 회의 안건의 내용 등을 고려해서 다음 각호에 해당하는 자 등 '연합재건축 위원회 회원'이 아닌 자를 총회에 참석해 발언하도록 할 수 있다.

    1. 재건축 위원회 직원
    2. 재건축 사업 시행사, 행정용역업자, 시공사 또는 설계자
    3. 그 밖에 의장이 운영을 위해 필요하다고 인정하는 자

③ 의장은 총회의 질서를 유지하고 의사를 정리하며, 고의로 의사진행을 방해하는 발언·행동 등으로 총회 질서를 문란하게 하는 자에 대해 그 발언의 정지·제한 또는 퇴장을 명할 수 있다.

④ ①항과 ③항의 의사규칙은 (연합)재건축 위원회에서 정해서 운영할 수 있다.

제24조(감사의 위원회 출석권한 및 감사 요청)

① 감사는 위원회에 출석하여 의견을 진술할 수 있다.

② 위원회는 연합재건축 위원회 운영상 필요하다고 인정될 때는 감사에게 연합재건축 위원회의 업무에 대해 감사를 실시하도록 요청할 수 있다.

제25조(의사록의 작성 및 관리)

(연합)재건축 총회 및 각 동의 재건축 총회의 의사록의 작성기준 및 관리 등은 다음 각호와 같다. 다만, 속기사의 속기록일 경우에는 제1호의 규정을 적용하지 아니한다.

① 의사록에는 의사의 경과, 요령 및 결과를 기재하고 의장 및 출석한 재건축 위원장 또는 감사 및 '연합재건축 위원회 회원' 2인 이상이 기명 날인해야 한다.

② 의사록은 연합 재건축 위원회 사무소 또는 각 동의 재건축위원회에 비치해서 '연합재건축 위원회 회원'이 항시 열람할 수 있도록 해야 한다.

제5장   재 정

제26조(연합재건축 위원회의 회계)

① 연합재건축 위원회의 회계는 매년 1월 1일부터 12월 말일까지 한다.

② 연합재건축 위원회는 매 회계연도 종료일부터 30일 이내에 결산보고서를 작성한 후 감사의 의견서를 첨부해서 총회 또는 (연합)재건축 위원회 사무소에 이를 3개월 이상 비치해 '연합재건축 위원회 회원'들이 열람할 수 있도록 해야 한다.

  1. 계약 및 채무관리에 관한 사항

  2. 그 밖에 회계문서와 장부에 관한 사항

제27조(재원)

(연합)재건축 위원회의 운영 및 사업시행을 위한 자금은 다음 각호에 의해 조달한다.

  1. '연합재건축 위원회 회원'이 현물로 출자한 토지 및 건축물

  2. 시행사(매수 지정자)의 조달

  3. 새 건물의 분양 수입금

  4. 금융기관 등으로부터 조달하는 차입금

  5. 본조는 연합재건축 결의서에 기재된 사안 또는 재건축 결의에 의한 사안을 우선 해석한다.

제28조(연합재건축 사업비의 부과 및 징수)

① 연합재건축 위원회는 시행사가 부담하는 것을 원칙으로, 사업시행에 필요한 비용을 충당하기 위해 '연합재건축 위원회 회원'에게 공사비 등 재건축 사업에 소요되는 비용(이하 "재건축 사업비"라 한다)을 부과 징수할 수 없다.

제6장   사 업 시 행

제29조(이주대책)

① 사업 시행으로 건물이 철거되는 '연합재건축 위원회 회원'은 사업을 시행하는 동안 자신의 부담으로 이주해야 한다.

② 연합재건축 위원회가 선정한 시행사는 이주비의 지원을 희망하는 '연합재건축 위원회 회원'에게 시행사가 직접 금융기관과 약정을 체결하거나, '연합재건축 위원회 회원'과 금융기관과 약정을 체결하는 방법으로 이주비 대출을 알선할 수 있다. 이 경우 이주비를 지원받은 '연합재건축 위원회 회원'은 사업구역 안의 소유 토지 및 건축물을 담보로 제공해야 한다.

③ 제2항의 규정에 의해 이주비를 지원받은 '연합재건축 위원회 회원' 또는 그 권리를 승계한 '연합재건축 위원회 회원'은 지원받은 이주비를 신축 건축물 등에 입주 시까지 상환해야 한다.

④ '연합재건축 위원회 회원'은 (연합)재건축 위원회가 정해서 통지하는 이주기한 내에 당해 건축물에서 퇴거해야 하며, 세입자 또는 임시거주자 등이 있을 때는 당해 '연합재건축 위원회 회원'의 책임으로 함께 퇴거하도록 조치해야 한다.

⑤ '연합재건축 위원회 회원'은 본인 또는 세입자 등이 당해 건축물에서 퇴거하지 아니하여 기존 건물 등의 철거 등 사업 시행에 지장을 초래하는 때는 그에 따라 발생되는 모든 손해에 대해 변상할 책임을 진다.

⑥ 제5항의 개정에 의해 '연합재건축 위원회 회원'이 변상할 손해금액과 정수 방법 등은 총회에서 정해 총회의 승인을 얻어 당해 '연합재건축 위원회 회원'에게 부과하며, 이를 기한 내에 납부하지 아니한 때는 당해 '연합재건축 위원회 회원'의 권리물건을 환가 처분해서 그 금액으로 충당할 수 있다.

⑦ '연합재건축 위원회 회원'은 전기, 수도, 도시가스 요금 등 제세공과금의 미납금은 '연합재건축 위원회 회원' 의 책임으로 정리해야 하며, 해당 건물에 대한 상수도 전기 가스 사용 등의 공급 중지와 관련한 제반조치를 취해야 한다.

⑧ '연합재건축 위원회 회원'은 퇴거(자진퇴거 또는 판결에 의한 퇴거 포함) 후 건축물의 철거에 관한 모든 권한을 (연합)재건축 위원회가 선정한 시행사에 위임해서 시행사가 임의로 철거하는 데 동의하며 일체의 이의를 제기할 수 없다.

제30조(지장 물 철거 등)

① (연합)재건축 위원회 회원 전원의 재건축 결의로 선정한 시행사는 관리처분계획 의결 후 사업구역 안의 건축물을 철거할 수 있다.

② (연합)재건축 위원회가 선정한 시행사는 제1항의 규정에 의해 건축물을 철거하고자 하는 때는 15일 이상의 기간을 정해 구체적인 철거 계획에 관한 내용을 미리 '연합재건축 위원회 회원' 등에게 통지해야 한다.

③ 사업구역 안의 통신시설 전기시설·급수시설·도시가스시설 등 공급시설에 대해서는 당해 시설을 관리권자와 협의해 철거 기간이나 방법 등을 따로 정할 수 있다.

④ '연합재건축 위원회 회원'의 이주 후 건축법 규정에 의한 철거 및 멸실 신고는 시행사에 일괄 위임받아 처리하도록 한다.

제31조(보상의 예외 등)

사업구역 안의 철거되는 일체의 지장물 중 등기 또는 행정기관의 공부에 등재되지 아니한 지장물은 보상 대상이 될 수 없다.

제32조(지상권 등 계약의 해지)

① (연합)재건축 위원회가 선정한 시행사는 사업의 시행으로 인해 지상권·전세권 또는 임차권의 설정 목적을 달성할 수 없는 권리자가 계약상 금전의 반환청구권을 재건축 위원회에 행사할 경우 시행사는 당해 전을 지급할 수 있다.

② (연합)재건축 위원회는 ①항에 의해서 금전을 지급했을 경우 당해 '연합재건축 위원회 회원'에게 구상권을 행사할 수 있으며 구상권을 행사할 수 없을 때는 당해 '연합재건축 위원회 회원'에게 귀속될 건축물 또는 청산금에 압류할 수 있다. 이 경우 압류한 권리는 저당권과 동일한 효력을 가진다.

③ '연합재건축 결의' 및 연합재건축 위원회설립일 이후에 체결되는 지상권·전세권설정계약 또는 임대차계약의 계약기간에 대해서는 민법 제280조, 제281조 및 제 312조 제 2항, 주택임대차보호법 제4조 제1항, 상가건물임대차보호법 제9조 제1항의 규정에서 이를 적용하지 아니한다.

제33조(매도청구 등)

① 재건축 위원회 또는 시행사(매수 지정자)는 재건축 사업을 시행함에 있어 '재건축 결의'에 동의하지 아니한 자와 제명 또는 탈퇴한 '연합재건축 위원회 회원' 및 재건축총회일 이전에 '재건축 결의'를 철회한 회원의 토지 및 건축물에 대해서는 집합건물의 소유 및 관리에 관한 법률 제48조의 규정을 준용하여 매도청구를 할 수 있다. (구분)소유권 및 토지사용권은 사업구역 안의 매도청구의 대상이 되는 토지 및 건축물의 소유권과 그 밖의 권리로 본다.

② 제1항의 매도청구대상대상은 '재건축 결의' 시점의 감정평가금액으로 현금청산한다.

③ 제1항에 의한 매도청구 시 매도청구의 소에 관한 당사자는 '매수 지정인'에게 있다.

제34조(부동산의 신탁)

① (연합)재건축 사업의 원활한 추진을 위해서 '연합재건축 위원회 회원'은 (연합)재건축 위원회가 정한 기간 내에 '연합재건축 위원회 회원'의 소유로 되어 있는 사업구역 안의 토지 및 건축물에 대해 (연합)재건축 위원회가 선정한 시행사가 정한 신탁회사에 신탁등기를 완료해야 하며, 정당한 사유 없이 등기 기간 내에 신탁등기를 이행치 않는 '연합재건축 위원회 회원'은 현금청산하고 '연합재건축 위원회 회원' 자격을 상실한다.

② 제1항에 따른 수탁자는 신탁된 '연합재건축 위원회 회원'의 재산권을 재건축 사업 시행 목적에 맞게 적합하게 행사해야 하며, 준공 후 건축물을 분양받은 분양대상자에게 공급한다.

제35조(소유자의 확인이 곤란한 건축물 등에 대한 처분)

① (연합)재건축 위원회는 사업을 시행함에 있어 (연합)재건축 위원회 창립총회일 현재 토지 및 건축물의 소유자의 소재 확인이 현저히 곤란한 경우 전국적으로 배포되는 하나 이상의 일간신문에 2회 이상 공고하고, 그 공고한 날부터 30일 이상이 지난 때는 그 소유자의 소재 확인이 현저히 곤란한 토지 및 건축물은 제 33조 매도청구 등의 규정을 준용한다.

② 사업을 시행함에 있어 창립총회일 현재 '연합재건축 위원회 회원' 전체의 공동소유인 토지 및 건축물에 대해서는 재건축 위원회 소유의 토지 및 건물 등으로 보며 이를 관리처분계획에 명시한다.

제7장   관리처분 계획

제36조(분양신청 의향 통지)

(연합)재건축 위원회와 시행사는 분양신청 의향을 조사하기 위해서는 다음 각호의 사항을 토지 등 소유자에게 통지해야 한다.

　　　1 사업계획 승인의 내용

　　　2. 사업의 종류·명칭 및 사업구역의 위치·면적

　　　3. 분양신청 의향 조사서

　　　4. 분양신청 의향 조사기간 및 장소

　　　5 분양대상 토지 및 건축물의 내역

　　　6 '연합재건축 위원회 회원'의 부담금 내역

　　　7. 분양 의향 신청 자격

　　　8. 분양 의향 신청 방법

　　　9. 구분소유자외의 권리자의 권리신고 방법

　　　10. 분양을 신청하지 아니한 자에 대한 조치

　　　11. 그 밖에 분양신청에 필요한 사항

제37조(분양신청 의향 등)

① 제36조 제4호의 분양신청 의향 조사기간은 그 통지한 날부터 20일 이내로 한다. 다만, 재건축 위원회 또는 시행사는 사업 진행에 지장이 없다고 판단되는 경우에는 분양신청 기간을 연장할 수 있다.

② 토지 및 건축물을 분양받고자 하는 '연합재건축 위원회 회원'은 분양의향 신청서에 소유권의 내역을 명시하고, 그 소유의 토지 및 건축물에 관한 등기부등본 등 그 권리를 입증할 수 있는 증명서류를 (연합)재건축 위원회 또는 시행사에 제출해야 한다.

③ 제1항 및 제2항의 규정에 의한 분양신청 의향 조사서를 우편으로 제출하고자 할 경우에는 그 신청서가 분양신청 기간 내에 발송된 것임을 증명할 수 있도록 등기우편 등으로 제출해야 한다.

④ (연합)재건축 위원회는 '연합재건축 위원회 회원'이 관리처분계획에 의하여 현금청산자가 되어 '연합재건축 위원회 회원'의 자격을 상실하는 경우에는 준공 후 '연합재건축 위원회 회원' 사업비 정산 시점에 건축물 또는 그 밖의 권리에 대해 현금으로 청산한다. 단, 현금청산 금액은 관리처분 계획수립 시의 종전자산평가액으로 하되, 현금청산자가 된 시점까지 발생한 사업비를 종전 자산 비율로 공제하고 지급한다(이 경우 지급시점까지 발생되는 이자는 지급 하지 아니한다).

⑤ '연합재건축 위원회 회원'이 분양받을 경우 (연합)재건축 위원회 또는 시행사가 정한 기간 내에 분양 계약 체결을 해야 한다.

제38조(관리처분계획의 기준)

'연합재건축 위원회 회원'의 소유재산에 관한 관리처분계획은 건축물철거 전에 수립해서 다음 각호의 기준에 따라 수립해야 한다.

① '연합재건축 위원회 회원'이 분양받을 경우 '연합재건축 위원회 회원'이 출자한 종전의 토지 및 건축물의 가격/면적을 기준으로 새로이 건설되는 건축물을 1대 1로 분양함을 원칙으로 한다.

　단, 각 동의 이익보호 및 형평성을 유지하기 위해서 최근 재건축 현장에서 적용하는 독립정산제를 기초로 각 동별 상이한 전용면적비율, 대지권비율, 종전 상가의 위치와 평수에 대한 권리 가액의 감정평가 기준으로 대물로 분양 받는 면적이 상대적으로 증감 되거나 별도의 보상기준이 있을 수 있다.

② 사업계획승인 후 토지는 분양받은 건축물의 전용면적 비례에 따라 공유지분으로 분양한다.

③ '연합재건축 위원회 회원'에 대한 신축건축물의 평형별 배정에 있어 '연합재건축 위원회 회원' 소유 종전 건축물의 가격·면적·유형·규모 및 대지권 지분율 등에 따라 우선순위를 정할 수 있다.

④ '연합재건축 위원회 회원'이 판매시설을 분양받을 경우 출자한 종전 건축물의 분양면적을 기준으로 비슷한 위치와 층에 1대 1 기준으로 분양하는 것을 원칙으로 하며, 출자한 건축물의 면적과 분양받은 면적에 차이가 있을 때는 당해 사업계획서에 의해서 산정하는 단위면적당 가격을 기준으로 환산한 금액을 부과 및 지급하며, 그 방법은 청산금 지급 규정을 준용한다.

⑤ '연합재건축 위원회 회원'이 새로운 신축건축물을 분양 받기 위한 절차를 진행함에도 불구하고 '연합재건축 위원회 회원'에게 분양할 건축물이 없을 경우에는 '연합재건축 위원회 회원'의 지위를 유지해서 관리처분계획에서 별도로 정한 방법에 따라 청산금을 지급한다.

⑥ 그 밖에 관리처분계획을 수립하기 위해 필요한 세부적인 사항은 관계규정 등에 따라 재건축 위원장이 정해 총회의 의결을 거쳐 시행한다.

제39조(분양 받을 권리의 양도 등)

① '연합재건축 위원회 회원'은 '연합재건축 위원회 회원'의 자격이나 권한, 입주자로 선정된 지위 등을 양도한 경우에는 재건축 위원회에 변동 신고를 해야 하며, 양수자에게는 '연합재건축 위원회 회원'의 권리와 의무, 자신이 행했거나 재건축 위원회가 자신에게 행한 처분 절차, 청산 시 권리의무에 범위 등이 포괄승계됨을 명확히 해서 양도해야 한다.

② 제1항의 규정에 의해 사업구역 안의 토지 및 건축물에 대한 권리를 양도받은 자는 확정일자가 있는 증서를 첨부해서 연합재건축 위원회와 시행사에 통지해야 하며, 재건축 위원회와 시행사에게 통지한 이후가 아니면 재건축 위원회에 대항할 수 없다.

제40조(관리처분계획의 공람 등)

① 재건축 위원회는 관리처분계획의 의결을 받기 전에 관계서류의 사본을 14일 이상 '연합재건축 위원회 회원'에게 공람하고 다음 각호의 사항을 각 '연합재건축 위원회 회원'에게 통지해야 한다.

1. 관리처분계획의 개요

2. 건물 및 토지지분면적 등 분양대상 품건의 명세

3. 그 밖에 '연합재건축 위원회 회원'의 권리·의무와 이의신청 등에 관한 사항

② '연합재건축 위원회 회원'은 제1항의 규정에 의한 통지를 받은 때는 재건축 위원회와 시행사가 정하는 기간 안에 관리처분계획에 관한 이의신청을 할 수 있다.

③ 연합재건축 위원회는 제2항의 규정에 의해 제출된 '연합재건축 위원회 회원'의 이의신청 내용을 검토해서 합당하다고 인정되는 경우에는 관리처분계획의 수정 등 필요한 조치를 취하고, 그 조치 결과를 공람·공고 마감부터 10일 안에 당해 '연합재건축 위원회 회원'에게 통지해야 하며, 이의신청의 이유가 없다고 인정되는 경우에도 그 사유를 명시해서 당해 '연합재건축 위원회 회원'에게 통지해야 한다.

④ 연합재건축 위원회는 제3항의 규정에 따라 관리처분계획을 수정한 때는 총회의 의결을 거쳐 확정한 후 그 내용을 각 '연합재건축 위원회 회원'에게 통지해야 한다.

제41조(관리처분계획의 통지 등)

① 연합재건축 위원회는 관리처분계획 의견이 있는 때는 지체없이 다음 각호의 사항을 '연합재건축 위원회 회원'에게 통지해야 한다.

1. 사업의 명칭

2. 사업구역의 면적

3. 재건축 위원회의 명칭 및 주된 사무소의 소재지

4. 관리처분계획 의견일

5. 분양대상자별로 기존의 토지 및 건축물의 명세 및 가격과 분양 예정인 토지 및 건축물의 명세 및 추산 가액

② 관리처분계획의 의결이 있는 때는 종전의 건축물의 소유자·지상권자·전세권자·임차권자 등 권리자는 종전의 토지 및 건축물에 대해 이를 사용하거나 수익할 수 없다. 다만, (연합)재건축 위원회의 동의를 얻은 경우에는 그러하지 아니한다.

제8장   완료 조치

제42조(준공인가 및 입주통지 등)

① (연합)재건축 위원회와 시행사는 관계기관으로부터 준공인가 증을 교부받은 때는 지체없이 신축건축물을 분양받은 '연합재건축 위원회 회원'에게 입주하도록 통지해야 한다.

② (연합)재건축 위원회와 시행사는 제1항의 규정에 의해 입주통지를 한 때는 통지된 날부터 1일 이내에 소유자별로 통지 내용에 따라 등기신청을 할 수 있도록 필요한 조치를 해야 하며, 토지 및 건축물 중 일반 분양분에 대해서는 시행사 또는 신탁사의 명의로 등기한 후 매입자가 이전등기절차를 이행하도록 해야 한다.

제43조(보존등기 등)

① 시행사는 공사의 완료 고시가 있는 때는 지체없이 토지확정 측량을 하고 토지의 분할절차를 거쳐 보존등기 후 '연합재건축 위원회 회원'과 일반 분양자에게 이전해야 한다. 다만, 사업의 효율적인 추진을 하는 데 필요한 경우에는 당해 사업에 관한 공사가 전부 완료되기 전에 완공된 부분에 대해 준공인가를 받아 토지 및 건축물별로 분양받을 자에게 이전할 수 있다.

② (연합)재건축 위원회와 시행사는 제1항의 규정에 의해서 건축물을 이전하고자 하는 때는 '연합재건축 위원회 회원'과 일반 분양자에게 통지한다.

제44조(토지 및 건축물에 대한 권리의 확정)
'연합재건축 위원회 회원'은 소유권 이전등기가 있을 날의 다음 날에 분양대상 건축물에 대한 소유권을 취득한다.

제45조(등기절차 등)
재건축 위원회는 제43조의 규정에 의한 이전이 있을 때는 토지 및 건축물에 관한 등기를 지방법원지원 또는 등기소에 촉탁 또는 신청해야 한다.

제46조(청산 금 등)
① 토지 및 건축물을 분양받은 자가 종전에 소유하고 있던 토지 및 건축물의 가격과 분양받은 토지 및 건축물의 가격 사이에 차이가 있는 경우에는 그 차액에 상당하는 금액(이하 "청산금"이라 한다)을 분양받은 자로부터 징수하거나 분양받은 자에게 지급해야 한다. 다만, 분할징수 및 분할지급에 대화에 총회의 의견을 거쳐 따로 정한 경우에는 관리처분계획 이후부터 소유권 이전 등기일까지 일정 기간별로 분할 징수하거나 복합지급 할 수 있다.
② 제1항의 규정을 적용함에 있어서 종전에 소유하고 있던 토지 및 건축물의 가격과 분양받은 토지 및 건축물의 가격은 재건축 위원회 및 시공사의 협의 또는 감정평가업자 2인 이상이 산술평가한 금액을 기준으로 신청할 수 있다.
③ 제2항의 분양받은 토지 및 건축물의 가격산정에 있어 다음 각호의 비용을 가산한다.
1. 조사 측량 설계 및 감리에 소요된 비용
2. 공사비
3. 건축사업의 관리에 소요된 등기비용·인건비·통신비·사무용품비·이자 그 밖에 필요한 경비
4. 금융자금이 있는 경우에는 그 이자에 해당하는 금액
5. 정비기반시설 및 공동이용시설의 설치에 소요된 비용(지자체장이 부담한 비용을 제외한다)
6. 안전진단의 실시, 재건축 사업 행정용역업자의 선정, 회계감사, 감정평가비용
7. 그 밖에 건축 사업 추진과 관련해 지출한 비용으로서 총회에서 포함하기로 정한 것

제47조(청산금의 징수 방법)
① 청산금을 납부하지 않은 '연합재건축 위원회 회원'이 있을 경우 재건축 위원회는 청산금 납부 요청을 2회 이상 최고하고 최고 최종일로부터 1월 이내에 지자체장에게 청산금과 연체료의 징수를 위탁할 수 있다.
② 청산금을 지급받을 '연합재건축 위원회 회원'이 이를 받을 수 없거나 거부한 때는 재건축 위원회 또는 시행사가 그 청산금을 공탁한다.
③ 청산금을 지급받을 권리 또는 이를 징수할 권리는 소유권이전동기일 다음 날부터 5년간 이를 행사하지 아니 하면 소멸한다.

제48조(연합재건축 위원회 및 각 동의 재건축위원회의 해산)
① (연합)재건축 위원회는 준공인가를 받은 날로부터 1년 이내에 건축물 등에 대한 등기 절차를 완료하고 위원회에서 해산 의결을 해야 한다.
② (연합)재건축 위원회가 해산 의결을 한 때는 해산 의결 당시의 재건축 위원장이 별도 청산인을 선임한 경우에는 그에 따른다.

③ (연합)재건축 위원회가 해산하는 경우에 청산에 관한 업무와 채권의 추심 및 채무의 변제 등에 관하여 필요한 사항은 민법의 관계규정에 따른다.

제49조(청산인의 임무)

청산인은 다음 각호의 업무를 성실히 수행해야 한다.

1. 현존하는 재건축 위원회의 사무종결
2. 잔여재산의 처분
3. 그 밖에 정신에 필요한 사항

제50조(관계서류의 이관)

각 동 및 연합 재건축 위원회가 사업을 완료한 때는 재건축 관계서류를 청산 회의에서 정한 절차 및 방법에 따라 보관 또는 폐기해야 한다.

제9장   보칙

제51조(관련 자료의 공개와 보존)

① (연합)재건축 위원회는 사업 시행에 관하여 다음 각호의 서류 및 관련 자료를 인터넷 등을 통해 공개할 수 있으며, '연합재건축 위원회 회원'의 공람 요청이 있는 경우에는 이를 공람시켜줘야 한다. 다만, 개인비밀의 보호, 자료의 특성상 인터넷 등에 공개하기 어려운 사항은 개략적인 내용만 공개할 수 있다.

1. 규약
2. 설계자 시공사 및 재건축 사업 행정 용역업자의 계약서
3. 총회 의사록
4. 재건축 위원회 의사록
5. 사업계획서
6. 관리처분계획서
7. 당해 사업의 시행에 관한 행정기관의 문서
8. 회계감사결과

② 재건축 위원회는 총회 또는 중요한 회의가 있을 때는 속기록, 녹음 또는 영상자료를 만들어 이를 청산까지 보관해야 한다.

③ '연합재건축 위원회 회원'이 제1항 각호의 사항을 열람하고자 하는 때는 서면으로 열람을 요청해야 하며, 재건축 위원회는 특별한 사유가 없는 한 이에 응해야 한다.

제52조(약정의 효력)

(연합)재건축 위원회가 사업 시행에 관하여 시행사 및 재건축 사업 행정 용역업자, 신탁회사와 체결한 약정은 관계법령 및 이 규약이 정하는 범위 안에서 '연합재건축 위원회 회원'에게 효력을 갖는다.

제53조(연합재건축 위원회 설립 이전 행위의 효력)

연합재건축 위원회 창립 총회일 전에 재건축 위원회의 설립과 사업 시행에 관해 가칭 재건축 위원회가 행한 행위는 관계법령 및 이 규약이 정하는 범위 안에서 재건축 위원회가 이를 승계한 것으로 본다.

제54조(규약의 해석)

이 규약의 해석에 대해 이견이 있을 경우 일차적으로 각 동의 재건축 위원회에서 해석하고, 그래도 이견이 있을 경우는 연합재건축 위원회에서 해석한다.

제55조(소송 관찰 법원)

(연합)재건축 위원회와 '연합재건축 위원회 회원' 간에 법률상 다툼이 있는 경우 소송관할 법원은 (연합)재건축 위원회소재지 관할 법원으로 한다.

제56조(민법의 준용 등)

① (연합)재건축 위원회에 관해서는 집합건물의 소유 및 관리에 관한 법률에 규정된 것을 제외하고는 민법 중 사단 법인에 관한 규정을 준용한다.

② 법, 민법, 이 규약에서 정하는 사항 외에 재건축 위원회의 운영과 사업시행 등에 관해서 필요한 사항은 관계법령 및 관련 행정기관의 지침·지시 또는 유권해석 등에 따른다. 다만, 이 규약이 법령의 개정으로 변경해야 할 경우 규약의 개정 절차에 관계없이 변경되는 것으로 본다. 그러나 관계법령의 내용이 임의 정인 경우에는 그러하지 아니하다.

③ 사업성 향상을 위한 사업계획의 변경으로 이 규약의 적용이 불가능할 경우 규약의 변경은 총회의 의결로 실행하며, '연합재건축 위원회 회원'에게 통지한다.

부 칙

이 규약은 집합건물 소유 및 관리에 관한 법률 제47조에 의한 '재건축 결의'날부터 시행하며, 규약의 변경이 있을 경우 (연합)재건축 위원회 및 회원의 총회의 의견이 있는 날부터 시행한다.

이제는 상가 재건축입니다

제1판 1쇄 2025년 4월 10일

지은이 우종필
펴낸이 한성주
펴낸곳 ㈜두드림미디어
책임편집 신슬기, 최윤경
디자인 노경녀(nkn3383@naver.com)

㈜두드림미디어
등 록 2015년 3월 25일(제2022-000009호)
주 소 서울시 강서구 공항대로 219, 620호, 621호
전 화 02)333-3577
팩 스 02)6455-3477
이메일 dodreamedia@naver.com(원고 투고 및 출판 관련 문의)
카 페 https://cafe.naver.com/dodreamedia

ISBN 979-11-94223-54-2 (03320)